SÉNÈQUE

Prix 0 75

LETTRES MORALES

A LUCILIUS

I-XVI

HACHETTE ET Cⁱᵉ

SÉNÈQUE

—

LETTRES MORALES

A LUCILIUS

I — XVI

A LA MÊME LIBRAIRIE

55817. — Imprimerie LAHURE, rue de Fleurus, 9, à Paris.

SÉNÈQUE

—

LETTRES MORALES

A LUCILIUS

I—XVI

TEXTE LATIN

PUBLIÉ

AVEC UNE NOTICE SUR LA VIE ET LES ŒUVRES DE SÉNÈQUE
ET DES NOTES EN FRANÇAIS

PAR R. AUBÉ

Ancien professeur de philosophie au lycée Condorcet

PARIS

LIBRAIRIE HACHETTE ET Cie

79, BOULEVARD SAINT-GERMAIN, 79

—

1897

PRÉFACE

Dans l'édition que nous donnons ici des seize premières *Lettres morales* de Sénèque à Lucilius, nous avons pris pour base le texte de Frédéric Haase (Leipsig, 1878), dans la bibliothèque de Teubner.

Nous avons eu sous les yeux le texte de l'édition *variorum* (Amsterdam, 1672), enrichie des excellentes notes de Juste Lipse, de Gronovius, etc., celui de l'édition de Charles-Rodolphe Fickert (Berlin, 1842), qui contient les variantes des manuscrits et des éditions imprimées.

Enfin nous avons collationné le texte de Haase sur deux précieux manuscrits de la Bibliothèque nationale : le premier (fonds latin, n° 8540, in-4° sur vélin, que nous désignons, à l'exemple de Haase, par la lettre *p*), qui contient, sauf trois feuillets de parchemin perdus, les soixante et onze premières lettres de Sénèque; l'autre (fonds latin, n° 8658, que nous appelons P), qui contient les treize premiers livres, c'est-à-dire les quatre-vingt-huit premières lettres.

La collation exacte de ces deux manuscrits avec les textes de Fickert et de Haase nous a fourni la matière de plusieurs variantes et de quelques corrections que nous soumettons aux philologues et aux amis des Lettres anciennes.

Il ne nous a point paru utile d'adopter partout l'orthographe des mots latins suivie par Haase; par exemple, nous écrivons *vultus* et non *voltus, vulgus* et non *volgus, intelligo* et non *intellego, omnes* et non *omnis, jura* et non *iura, objicit, subjicit, adjicit* et non *obicit, subicit, adicit; immerito, imbecillitas* et non *inmerito, inbecillitas*. Nous renonçons sans difficulté à l'air archaïque que donne cette orthographe savante, mais qui peut étonner et troubler ceux qui ne sont pas des savants de profession. Ces formes orthographiques d'ailleurs ne sont pas constantes dans les manuscrits. Les deux mss. P et *p* écrivent plus souvent *vultus* et *vulgus* que *voltus* et *volgus;* et il ne nous est pas démontré que les plus vieux manuscrits (ceux que nous avons étudiés de près sont du IXe siècle) suivissent très exactement ces façons d'écrire. Quel intérêt y a-t-il au fond à écrire *iam* pour *jam, iunctura* pour *junctura, uiros* pour *viros* et *adulescens* pour *adolescens?* Il y a, ce nous semble, un peu de pédantisme à s'attacher à de pareilles vétilles.

La forme importe sans doute dans Sénèque et doit être respectée, mais la forme n'a rien à faire avec la façon d'écrire tel ou tel mot, et il importe de ne pas troubler par des nouveautés sans valeur la façon de lire et de prononcer depuis longtemps usitée dans nos écoles.

B. A.

Le manuscrit (fonds latin, n°8540) qui a appartenu à P. Pithou, puis a passé dans la bibliothèque de Colbert, et que nous désignons ainsi : ms. *p*, est un volume de format in-4°, relié en vélin, de 205 millimètres de largeur et de 268 millimètres de hauteur, comprenant 54 feuillets numérotés postérieurement. Quelques feuillets ont été ou arrachés ou perdus avant la pagination, qui est récente. Il contient les 71 premières lettres de Sénèque. Deux ou trois manquent par suite de la perte de plusieurs feuillets. Le ms., marqué dans le catalogue comme ayant été écrit au XIᵉ siècle, est peut-être de la fin du IXᵉ ou certainement, au plus tard, du Xᵉ. Il contient une particularité qui n'a, ce semble, été remarquée par personne. En tête de trois lettres, à la suite de l'adresse qu'on lit au début de chacune en petites onciales, SENECA LUCILIO SVO SALUTEM, on trouve le monogramme Constantinien ☧, à savoir en tête de la XIVᵉ, après ces mots en forme de titre, *De natura corporis*, en tête de la XXIIᵉ et de la XXIIIᵉ. Ce signe est de la même main et de la même encre. Il n'est pas douteux qu'il n'a pas été tracé après coup par un lecteur édifié, mais qu'il vient de celui qui a écrit ce manuscrit. La question se pose s'il ne serait pas la reproduction de signes trouvés dans un manuscrit beaucoup plus ancien, et peut-être tout à fait antique, dont le nôtre serait la reproduction.

Le manuscrit (fonds latin, n° 8658) que nous désignons ainsi : ms. P, est un volume format in-12 ou très petit in-4°, couvert en parchemin, de 120 millimètres de largeur sur une hauteur de 160 millimètres; il contient 128 feuillets de vélin

écrits en très petits caractères, d'abord de 20 lignes et ensuite
de 30 lignes, annonce XIII livres des *Lettres à Lucilius* et
s'arrête en effet après la 88ᵉ lettre, qui clôt le XIIIᵉ livre. Ce
manuscrit excellent et souvent d'une correction supérieure au
précédent, quoique pour les premiers feuillets d'une lecture
plus difficile, paraît être aussi de la fin du ixᵉ ou du commencement du xᵉ siècle. Les lettres n'ont ni titre (excepté une ou
deux exceptions) ni adresse. A la fin du manuscrit on lit :
« Laicus Barfitus hunc codicem scripsit », et au-dessous, en
lettres cursives, ces mots qui n'ont rien de mémorable :

Philosophi quantum habent supervacui, quantum ab usu recedentia !
Ipsi quoque ad sillabarum distinctiones et conjunctionum ac
præpositionum proprietates descenderunt et invidere gymnasticis,
invidere geometricis Quidquid in illorum artibus supervacuum erat
intulere in suam. Sic effectum est ut diligentius loqui scirent
quam vivere. Pithagoras ait de omni re in utramque partem disputari
posse ac de hac ipsa an omnis res in utramque partem disputabilis sit ;

jugement qui ne s'applique guère à Sénèque, si peu amoureux,
comme on sait, des argumentateurs à outrance r . des subtili-
tés syllogistiques.

NOTICE SUR SÉNÈQUE

Lucius Annæus Sénèque est né à Cordoue, en Espagne, l'an 2 ou 3 de l'ère chrétienne. Il était le second des trois fils du rhéteur Marcus Annæus Seneca, qui appartenait à l'ordre équestre et possédait une fortune considérable. Les deux frères de notre Sénèque acquirent une certaine notoriété. L'aîné, Marcus Novatus, suivit la carrière des honneurs. Il fut adopté par le rhéteur L. Junius Gallion, et, comme c'était l'usage, il prit son nom. C'était un homme distingué, ami des poètes et des écrivains célèbres de son temps, écrivain lui-même et peut-être auteur de quelques-unes des tragédies qui sortirent du cycle littéraire dont Sénèque était le centre. C'est à lui que Sénèque dédia ses livres *De la colère* et *De la vie heureuse*. L'an 51, Gallion était proconsul de la province sénatoriale d'Achaïe. Un fait prouve combien son esprit était éclairé et libéral. Sosthène, chef de la synagogue de Corinthe, amena saint Paul au tribunal du proconsul, l'accusant de troubler le culte reconnu des Juifs par des nouveautés contraires aux lois. L'accusé prenait la parole pour se défendre. Gallion l'arrêta, et s'adressant aux Juifs : « S'il s'agissait de quelque crime, dit-il, ou de quelque attentat, je vous écouterais volontiers ; mais s'il s'agit de vos doctrines et de disputes sur votre loi, arrangez-vous ensemble, je ne veux pas me

faire juge en ces matières. » Et il renvoya les deux parties, évitant très sagement de mêler la politique et le
pouvoir civil dans des questions religieuses.

Le plus jeune frère de Sénèque se nommait Marcus
Annæus Méla. Il n'appartient à l'histoire que parce
qu'il fut le père du poète Lucain.

C'est évidemment à la célébrité de la famille des Annæus que Martial pensait quand il notait que Cordoue
était mère d'une génération d'hommes remarquables :

Corduba præstantum genitrix fecunda virorum.

La mère des trois Sénèque s'appelait Helvia. C'était
aussi une femme d'une rare distinction, de mœurs
graves dans un siècle dépravé, et d'un goût très vif
pour les choses de l'esprit. La tante de Sénèque, sœur
d'Helvia, femme accomplie et aussi de mœurs antiques,
amena à Rome son neveu encore tout enfant et eut
pour lui les soins les plus dévoués. Sénèque rappelle
dans un de ses écrits que c'est grâce à elle qu'il put se
rétablir d'une longue maladie, et que ce fut à son crédit
et à ses sollicitations qu'il dut d'être élevé à la ques-
ture.

Sénèque joignait à un tempérament très faible une
sensibilité vive, une facilité d'enthousiasme et une ardeur
d'imagination singulières. Son père fut son premier
maître. Le jeune homme apprit à son école les éléments
de l'art oratoire, et y puisa sans doute ce goût des anti-
thèses, des faux brillants, des traits d'esprit, alors à la
mode et qui caractérise les périodes de décadence littéraire, où le fracas et le piquant du langage voilent trop
souvent le vide ou la pauvreté du fond.

Par bonheur Sénèque échappa bientôt à la direction
paternelle et à la rhétorique à outrance. L'amour
de la philosophie s'éveilla dans son esprit naturellement curieux et qui ne savait pas se donner à demi.
Dès la fin du règne d'Auguste les écoles philosophi-
ques étaient nombreuses à Rome. Elles y avaient déjà

et gardèrent pendant tout le premier siècle un caractère très particulier. On y cultivait peu la métaphysique. Les pures et hautes spéculations n'allèrent jamais à l'esprit positif des Romains. Jusqu'alors la philosophie à Rome n'avait été pour les meilleurs esprits qu'un exercice de gymnastique intellectuelle, un complément d'éducation et parfois, pour les esprits distingués, exilés des grandes affaires, une noble occupation de leurs loisirs. Cicéron, fort au courant des doctrines des philosophes grecs, en parle moins en zélé disciple qu'en historien. Il ne s'attache sérieusement qu'aux principes qui peuvent fournir une base à la morale et à la législation. Il goûte l'élévation de Platon, mais craindrait d'embrasser des chimères en s'attachant à ses hautes doctrines. Au reste, la philosophie ne fut jamais pour Cicéron que le noble passe-temps d'une vie arrachée à la politique, et comme la consolation d'une âme condamnée par les circonstances à l'inaction. Au siècle suivant, qui est celui de Sénèque, la philosophie apparaît chez beaucoup de ceux qui tiennent école comme une libre fonction dans la société. Elle garde dans le monde romain son caractère pratique. Elle se fait la directrice des âmes et l'institutrice de la vie, exerce la censure et la maîtrise des mœurs publiques et privées. A côté des beaux esprits qui parlent et écrivent pour plaire et cherchent dans la culture des lettres des moyens de gloire ou de fortune, les philosophes prétendent à remplir une sorte de sacerdoce. La religion publique n'avait guère de dogmes définis. Ses ministres ne songeaient pas aux consciences, ne s'inquiétaient point des croyances et des mœurs. Ce domaine que les religions modernes cultivent avec un zèle jaloux, les philosophes romains du premier siècle s'en emparèrent, aspirant à prendre en main, non contre les lois et les prêtres du culte public, mais à l'abri des unes et dans l'indifférence des autres, la direction spirituelle et morale de la société.

Les caractères sont abaissés : ils entreprennent de les relever ; les convictions religieuses sont nulles ou étrangement flottantes : ils prétendent combler le vide. On ne croit plus qu'au plaisir : ils enseignent la règle et l'austérité. La liberté n'est plus qu'un mot, ou un souvenir presque factieux aux yeux du pouvoir : ils font effort pour la réveiller, non au profit de l'ambition de quelques-uns, mais pour le bien de tous, pour fortifier la dignité humaine ; ils entreprennent d'assurer, à défaut de la vieille liberté que plusieurs regrettent dans l'État, celle de la conscience, et de lui dresser au fond des cœurs un asile inviolable. La sphère où ils règnent et s'enferment, ce sont, toujours suivant l'antique définition, les choses divines et humaines, inséparables dans une âme bien réglée. Mais ils ont plutôt eux-mêmes des sentiments religieux qu'une religion proprement dite, et ils appuient peu sur ce point, faute peut-être de s'entendre là-dessus entre eux et avec eux-mêmes. Nous disons que la philosophie ressemble à un libre sacerdoce. Après Sénèque, Épictète s'explique assez fortement sur ce point dans ses dissertations. Il dit que c'est une fonction sacrée que celle qui consiste à travailler à éclairer et à améliorer ses semblables, que pour la remplir avec succès il faut une vocation véritable et comme une grâce d'en haut, la ferme résolution de braver les dédains et les outrages, de se désintéresser de soi-même, de renoncer aux joies légitimes de la famille pour se donner à tous, se faire le père et le frère de tous sans qu'aucun soin privé partage et embarrasse le porteur des paroles salutaires et des saintes leçons. Et quel est le résumé de cette philosophie qui n'exclut personne et luit pour tout le monde ? Sénèque l'exprime en deux mots, tels qu'on n'a guère mieux à dire : adorer Dieu, aimer les hommes ; garder sa liberté, respecter, étendre et affermir celle d'autrui.

Avec des nuances diverses de forme, de sentiment, de force persuasive et d'onction, à Rome, au temps de

Tibère, les philosophes prédicateurs de morale et de religion naturelle, Sextius le fils, qui continuait l'enseignement paternel, Sotion, Attalus, Fabianus, Démétrius, Métronax, Claranus, enseignaient à qui voulait les entendre la pureté des mœurs, la frugalité, l'indépendance intérieure, le courage et la fermeté invincible, le dédain des choses fortuites, la vertu sanctifiante des épreuves virilement supportées, et l'inviolable dignité d'une âme maîtresse de soi et supérieure à toute puissance extérieure.

Cet idéal était trop fort pour la plupart, qui applaudissaient le maître, s'il parlait bien, mais gardaient leur genre de vie; il frappait quelques jeunes auditeurs. Sénèque fut de ces derniers. Il recueillait avidement les préceptes qu'on développait devant lui, s'en imprégnait avec ardeur et se promettait de les appliquer. « Lorsque, dit-il lui-même, revenant sur les premières années de sa jeunesse, lorsque j'entendais Attalus discourir sur les vices, les erreurs et les maux de la vie, je prenais en pitié la race humaine, et lui me paraissait sublime et supérieur aux plus élevés des mortels... Venait-il à faire l'éloge de la pauvreté, j'étais prêt à sortir pauvre de son école. S'il flétrissait nos voluptés, s'il vantait la continence, la sobriété, la pureté d'une âme libre de tout plaisir illicite ou même superflu, je me reprochais ma gourmandise et je brûlais de me sevrer de toute espèce de plaisir. » De même, après avoir entendu Sotion le pythagoricien, Sénèque s'abstenait volontairement de la chair des animaux. « Mon âme, dit-il, en devenait plus légère et plus agile[1]. » Repassant au déclin de sa vie ses premières et naïves ferveurs de philosophe néophyte, il reconnaissait qu'il s'était trop vite attiédi et s'était laissé reprendre au courant de la vie commune; il avouait cependant qu'il devait à ses premiers maîtres d'avoir renoncé de bonne heure aux

1. Voir dans les *Lettres a Lucilius* la 103e.

parfums, aux bains délicats, aux raffinements et aux
recherches de la table. On sait que dans ses dernières
années il couchait sur un lit qui ne gardait pas l'em-
preinte du corps, et pratiquait au sein des richesses une
frugalité qui eût effrayé les plus pauvres.

Le père de Sénèque blâmait chez son fils, comme une
duperie, sa facilité à suivre les durs préceptes des
philosophes. Le jeune homme avait dix-sept ou dix-
huit ans. C'était le temps où Tibère expulsait de Rome,
par un décret du Sénat, les sectateurs des cultes juifs
et égyptiens. Le vieux Sénèque, qui craignait moins au
fond les délateurs qu'il ne haïssait les philosophes, re-
montra à son fils que l'abstinence de certaines viandes
était un des caractères des cultes proscrits, usa enfin de
son autorité pour le faire renoncer à ses manies de
sectaire et revenir aux usages de tout le monde.

L'influence paternelle, et peut-être aussi la voix
secrète d'une ambition qui s'éveillait, jetèrent bientôt
Sénèque dans une voie nouvelle. Il laissa la philosophie, qui ne menait à rien, pour l'art oratoire qui
menait à tout et particulièrement à la vogue et à la
célébrité. L'esprit ne servait plus à conduire l'État;
cependant on l'aimait passionnément pour lui-même, au
temps de Sénèque. Les talents du jeune homme et ses
agréables défauts même, bien faits, dit Tacite, pour les
oreilles des contemporains, lui acquirent une notoriété
précoce. Il eut l'honneur d'exciter la jalousie de Caligula, qui se piquait d'éloquence. L'empereur se vengeait
en disant que les discours du jeune homme n'étaient que
« du sable sans chaux ». On raconte cependant qu'il
songea à se débarrasser violemment d'un rival qui
l'offusquait, mais qu'on lui fit observer que la phtisie
allait l'emporter bientôt, et il le laissa vivre. Sénèque
était né avec une constitution délicate. Le dévouement
de sa tante le sauva dans sa première enfance; cependant il eut de nombreuses reprises du mal. « Tourmenté
par mes souffrances continuelles, dit-il lui-même, voyant

mon corps fondre, pour ainsi dire, sous le feu de la fièvre, j'ai pris maintes fois le brusque parti de rompre avec la vie. La pensée de mon vieux père me retint. Je calculai non pas combien j'avais de courage pour mourir, mais le peu qu'il en aurait pour supporter ma perte. Et je m'imposai la loi de vivre. » (*Ep.* 78.)

Sénèque avait donné les premières années de sa jeunesse à la philosophie. A partir du jour où, sur les instances de son père, il renonça aux austères pratiques où son naïf enthousiasme s'était attaché, il se livra à une littérature plus frivole, aux joutes du barreau, et se mêla à la vie mondaine. Il s'y fit promptement une brillante réputation. C'est aussi dans ce temps que son esprit curieux et avide de connaissances l'entraîna en Égypte où son oncle maternel était et resta seize ans préfet. Là Sénèque trouva matière à d'amples observations physiques et morales. Les monuments élevés par les rois d'Égypte étaient un grand attrait pour les voyageurs romains. Il les visita, il étudia les mœurs et les cultes de beaucoup d'hommes, car Alexandrie resta constamment, dans l'empire romain, comme une exposition toujours ouverte des idiomes, des idées, des usages et des religions de l'Orient et de l'Occident. Quelques-uns ont fait voyager Sénèque jusque dans l'Inde, et l'ont fait passer par Jérusalem pour s'y rendre, ce qui n'était pas la voie la plus courte ni la plus commode. Mais rien n'est plus douteux que ce prétendu voyage. S'il a écrit sur l'Inde, comme Pline le rapporte, il n'avait pas besoin d'avoir vu ce pays pour en parler ; et pour se renseigner sur les Juifs, s'il désirait connaître leurs institutions et leurs coutumes, les Juifs étaient assez nombreux en Égypte, et particulièrement à Alexandrie où ils pullulaient, pour le dispenser d'aller les chercher en Palestine. On pense que c'est dans son voyage d'Égypte que Sénèque écrivit un traité que nous n'avons plus *Sur les tremblements de terre.* C'est là sans doute qu'il recueillit sur le Nil des notes qu'il inséra plus tard dans ses *Questions naturelles*, et de nombreux matériaux pour son traité *des Superstitions*, dont la perte est si regrettable, et que nous ne connaissons que par une mention de Tertullien et quelques citations de saint Augustin.

De retour à Rome après cette instructive excursion, Sénèque fut nommé questeur et cultiva avec succès de hautes relations dans la plus brillante société de Rome. La première année du règne de Claude, il fut impliqué dans une accusation d'adultère intentée par Messaline contre Julie, fille de Germanicus. Sénèque fut jugé et condamné par le Sénat, docile jusqu'à la servilité aux caprices de Messaline. L'arrêt était d'une extrême sévérité ; Claude l'adoucit, et la Corse fut assignée comme lieu d'exil au condamné. Nous n'avons nul moyen de contrôler cette accusation. La haine de Messaline honore, on peut le dire, ceux qui en ont porté le poids. Les bonnes mœurs chez les personnages en vue devaient paraître à l'impératrice une vivante satire de celles dont elle souillait le palais. Si l'on n'a pas de sérieuses raisons d'incriminer les relations de Sénèque avec la fille de Germanicus, il reste au minimum que Sénèque était en commerce avec ce qu'il y avait à Rome de plus brillant et de plus haut.

Avec l'exil de Corse commence ce qu'il y a de plus trouble et de plus attaquable dans la vie de Sénèque. Son exil dura huit ans. Sénèque supporta avec courage les deux premières années de cette relégation. Il semblait s'être retrouvé lui-même dans ce recueillement forcé ; il se souvint des graves leçons de Sotion et d'Attalus ; il philosopha pour lui-même, se remit à ses études et en vérifia sur lui-même la vertu, en les appliquant. Dès avant la seconde année de son exil, Sénèque, adressant à sa mère les pages intitulées *Consolation à Helvia*, lui parlait de son courage, de ses travaux, de sa sérénité d'esprit, s'efforçait, par des raisons qui nous paraissent des lieux communs assez froids, de calmer

sa douleur et ses regrets, trouvant cependant à la fin
des accents plus personnels et plus touchants, lui
parlant de son fils Marcus qu'il avait laissé auprès
d'elle avec sa femme : « Soyez tous heureux où le sort
vous maintient, écrivait-il, je ne me plaindrai pas qu'on
m'ait enlevé à mon fils et à mon foyer. Que du moins,
victime pour toute ma maison, je ne lui laisse rien à
souffrir de plus. » La rhétorique d'école avait commencé
cette consolation, le cœur l'achevait.

Cependant les visibles efforts qu'il faisait pour per-
suader à sa mère que l'exil n'est pas un mal, que
l'homme de cœur et de conscience est bien partout, que
la fortune l'a renversé sans l'abattre, indiquent assez
l'ennui qu'il ressent et que Rome, ses hautes et douces
amitiés, sans compter sa famille, lui font grandement
défaut. Cet ennui devint bientôt intolérable, et les
grands sentiments où il s'était guindé disparurent. Ce
fut d'une tout autre plume que, peu après, il adressa à
Polybe, affranchi de Claude, qui venait de perdre son
frère, une nouvelle épître consolatoire. C'est le même
esprit, ce n'est plus le même homme. Sa fierté est
tombée. L'exil est maintenant le plus grand des maux.
Sénèque se répand en misérables flatteries, en basses
adulations pour obtenir de l'affranchi tout-puissant une
intervention qu'il n'ose solliciter ouvertement; il épuise
à l'endroit de César les plus plates protestations de
dévouement et de respect, baisant et adorant dans la
poussière la main qui l'a frappé et dont la divine clémence peut le ramener parmi les vivants et les heureux.
Les panégyristes de Sénèque voudraient douter que ce
soit la même plume qui ait écrit ce triste morceau et
tant de pages fortes et viriles. Juste Lipse a imaginé
que la *Consolation à Polybe* n'a vu le jour que par une
indiscrétion. Cela est bien possible. C'est une de ces
pièces dont un auteur ne peut se parer. Mais qu'importe ? Sénèque l'a écrite pour Polybe, afin qu'elle fût
mise sous les yeux de l'empereur et que le pardon en

fût le prix. La bassesse est dans l'œuvre même, et non
dans la publicité qu'elle a reçue. Cette bassesse, Sénèque
ne l'a pas effacée en écrivant l'*Apokolokyntôsis* après la
mort de Claude, et, suivant un mot de Gallion cité par
Dion Cassius, en le traînant au ciel au bout d'un croc,
il l'a au contraire redoublée. C'était donner un coup de
pied à un cadavre. Un mot sévère de Tacite sur la
populace à propos de la mort de Vitellius revient ici à
la pensée : *Eadem pravitate insectabatur interfectum
qua fovebat viventem.*

C'est qu'il y a dans le même Sénèque deux hommes
qui ont passé leur vie à s'infliger les plus tristes dé-
mentis. L'un, c'est le stoïcien pythagorisant qui s'exalte
aux plus austères leçons et, aux deux extrémités de sa
carrière, se refuse presque le nécessaire et incline à
l'ascétisme le plus rigoureux ; l'autre, le mondain, l'ambitieux avide de toute espèce d'honneurs et de succès, qui
recherche les richesses et l'amitié des grands. L'un qui
remplit tant d'ouvrages des plus pures maximes, vante
la pauvreté et la fière indépendance que rien ne peut
briser ; l'autre, qui écrit l'épître à Polybe et plus tard le
rapport au Sénat sur la mort d'Agrippine. L'un, qui
conseille de fuir la foule, la contagion des méchants,
de se recueillir et de se ramasser en soi ; l'autre, qui vit
de longues années auprès d'Agrippine et dans la cour
de Néron, muet témoin de tant de scandales et semblant
les autoriser de sa présence. Il n'y a pas un beau et
noble sentiment qui soit étranger au premier ; l'autre
donne prise, par sa tolérance ou sa connivence, auprès
de Néron, aux interprétations les plus fâcheuses. Chez
l'un, toutes les grandeurs de la pensée et toutes les élé-
vations de l'âme trouvent un interprète éloquent et
sincère ; chez l'autre, se rencontrent les déplorables faiblesses d'une vie mal ordonnée. Ame élevée, imagination
pure et enthousiaste, cœur rempli des plus nobles
sentiments, avec un caractère faible, irrésolu et vulgaire, voilà tout Sénèque. Il eut toute sa vie un sincère

amour du bien ; avec cela, il fut en fait fort inférieur à
ces grands philosophes sans le savoir qui, sous Néron
et plus tard sous Domitien, apprirent au monde que la
conscience, l'honneur et la liberté ne sont pas de
vains noms.

Sénèque sentait bien lui-même les contradictions et
les incohérences de sa nature et de sa vie quand, se
défendant du reproche, très immérité d'ailleurs, d'hypocrisie, il écrivait non sans une sincère humilité : « Je ne
suis pas un sage, et même je ne le serai jamais; lorsque
je fais le procès aux vices et aux faiblesses, je commence
par me gourmander moi-même; lorsque je parle de
la vertu, ce n'est pas de moi que je parle. Quand je le
pourrai, je vivrai comme il faut vivre. En attendant, il
n'y a pas lieu de mépriser les bonnes paroles et les
cœurs pleins de bonnes pensées. *Interim non est quod
contemnas bona verba et bonis cogitationibus plena
præcordia.* » *De Vit. beat.*, XVII-XXI.

La requête adressée à l'affranchi Polybe resta sans
réponse, ou du moins n'eut pas d'effet. Sénèque paraissait oublié. Il languit encore plusieurs années dans son
amer exil. Une sorte de révolution de palais l'en fit
sortir, le ramena sur la scène et recommença sa fortune. Agrippine venait d'épouser Claude (49). Grâce
au crédit tout-puissant de la nouvelle impératrice,
Sénèque fut rappelé, nommé préteur, admis au Sénat
et chargé de l'éducation du jeune Néron, fils d'Agrippine, alors âgé de douze ans. Avec Burrhus, élevé
à la charge de préfet du prétoire, il représenta auprès
du nouveau prince, adopté par Claude, le parti des
honnêtes gens.

C'est alors que commença pour notre philosophe une
misérable suite de transactions, d'actes équivoques,
pour ne pas dire plus, où se traîna sa conscience, et qui
lui ont mérité de son temps les sévérités de l'opinion, et
de tout temps celles de l'histoire. Agrippine en 54 fait
empoisonner Claude, trop lent à mourir au gré de son

ambition. Claude mort, on joue dans le palais je ne sais quelle honteuse comédie pour évincer Britannicus, son fils, et faire proclamer Néron, qui ne tient à l'empereur défunt que par les liens de l'adoption. Sénèque ne pouvait rien empêcher sans doute, mais en restant à la cour, il semblait approuver et se faire le muet complice d'actes iniques ou odieux. On avait tué Claude, frustré Britannicus de ses droits, et quand Néron va lire une harangue aux prétoriens, c'est son maître Sénèque qui l'a composée. De même c'est Sénèque qui composa l'oraison funèbre de Claude, que tout à l'heure il va bafouer dans une satire.

Agrippine espérait trouver dans Sénèque et Burrhus, ses créatures, des complaisants tout prêts à laisser glisser dans ses mains l'autorité impériale dont elle était avide. Ils trompèrent son attente. Les deux ministres, plus unis qu'on ne l'est d'ordinaire, quand on partage le pouvoir, se liguèrent pour contenir d'une part l'ambition envahissante de la mère et brider les appétits impatients du fils. Néron avait épousé Octavie, sœur de Britannicus : de la sorte on essayait de colorer l'usurpation et de créer après coup à Néron un droit à la succession de Claude qu'il avait interceptée. Ce mariage n'était rien qu'une union politique. Néron s'était pris d'une passion violente pour l'affranchie Acté qui appartenait à la maison d'Octavie. Sénèque se prêta avec un excès de complaisance à cette intrigue. « Les amis les plus sévères de Néron, dit Tacite (*Annal.*, XIII, 12), ne cherchaient point à combattre sa passion pour une maîtresse obscure, qui rassasiait ses sens et ne blessait personne. »

Agrippine, jalouse de toute influence qui l'écartait de son fils, osa menacer Néron de défaire ce qu'elle avait fait. « Elle ira, disait-elle, dans le camp des prétoriens avec Britannicus, le vrai, le digne héritier du pouvoir de Claude : on entendra d'un côté la fille de Germanicus et de l'autre le vieux Burrhus et le proscrit Sé-

nèque venant, l'un avec sa main mutilée, l'autre avec
sa langue de rhéteur, réclamer l'empire de l'Univers. »

Cette menace fut l'arrêt de mort de Britannicus, et
Néron le fit empoisonner à sa table. On n'a nulle raison
de dire que Sénèque ait eu une part directe à ce crime
odieux. Il est malaisé de croire qu'il n'en sut rien. Il
est certain que sa fortune, déjà considérable, s'augmenta
d'une partie des dépouilles du jeune prince, que Néron
lui attribua. Tacite est bien ici l'interprète de la conscience publique, quand, sans nommer Sénèque mais
en l'indiquant, il écrit : « Il y eut des gens qui murmu-
rèrent de voir des hommes affichant l'austérité, *viros
gravitatem asseverantes*, se partager dans un pareil
moment des terres et des palais, comme s'il se fût agi
d'un butin. Suivant d'autres, ils n'avaient cédé qu'à la
volonté du prince, qui cherchait à obtenir le pardon de
son crime en s'attachant par des largesses les citoyens
les plus puissants. »

La disgrâce d'Agrippine suivit de près le meurtre de
Britannicus. Le vide se fit autour d'elle. De méchants
bruits furent semés sur son compte. On lui prêta l'idée
d'une conspiration d'État : une accusation fut même
essayée. Burrhus, en présence de Sénèque, fit subir un
interrogatoire à leur ancienne bienfaitrice, qui sut se
justifier avec hauteur.

Cependant dans la situation chaque jour grandis-
sante qu'il occupait auprès de Néron, Sénèque enten-
dait monter jusqu'à lui des insinuations que Tacite a
mentionnées. Suillius, accusé et coupable sous le règne
précédent de plus d'une infamie, poursuivait de ses invectives le ministre philosophe. « Par quelle philosophie, disait-il, par quelle sagesse, en vertu de quels
préceptes Sénèque, pendant quatre ans de faveur, a-t-il
amassé trois cents millions de sesterces (35 140 000 fr.)?
Les testaments et les citoyens sans héritiers sont pris
dans ses filets, l'Italie et les provinces épuisées par

l'énormité de son usure. » C'était risquer beaucoup de
s'attaquer à Sénèque. Il était à l'apogée de la faveur.
Il avait été honoré du consulat (comme consul sub-
stitué, *suffectus*) dans le second semestre de l'an 57[1].
La réponse de Sénèque à Suillius fut une sentence
d'exil. Les invectives de Suillius étaient pleines de venin,
sans doute. Dira-t-on que tout y fût de pure invention?
Il est fâcheux pour la mémoire de Sénèque qu'il ait pu
même subir de pareilles attaques.

On connaît par le beau récit de Tacite la tragédie de
la mort d'Agrippine. Après l'avortement du naufrage
artificiel, Néron manda Sénèque et Burrhus. Le mot
de Tacite est terrible : *incertum an antea ignaros*. Ils
se dérobèrent, et Anicetus se chargea d'employer des
armes de précision. Le parricide consommé (59), Néron
adressa au Sénat une lettre apologétique où il énumé-
rait les attentats d'Agrippine et concluait que sa mort
était un bienfait pour l'État. Sénèque était l'auteur de
cette lettre. C'est la grande tache qui demeure sur Sénèque et dont nulle subtilité ne le saurait laver. Papi-
nien, lorsque Caracalla lui demanda d'écrire l'apologie
du meurtre de Géta qu'il avait tué, n'hésita pas à ré-
pondre qu'un parricide était plus difficile à justifier
qu'à commettre. Et les ouvrages de Sénèque nous
donnent en cent endroits la règle de conduite que dans
des cas semblables le philosophe prescrit ou rappelle.

Au reste, Sénèque s'abusait étrangement, s'il espérait,
après un tel excès de complaisance, conserver quelque
autorité sur Néron. La bête était lâchée et « immuse-
lable. » Sénèque, dans les premières pages de son traité
de *la Clémence*, ne lui avait-il pas appris qu'il pouvait
tout? Après la mort de Burrhus (62), peut-être empoi-
sonné, Sénèque, qui se sentait menacé, demanda à l'empereur qu'il lui fût permis de quitter la cour et de lui

---

1. Voir De Rossi, *Bullet. d'Archeologia cristiana*, anno 1866, p. 60.
Cf. Borghesi : *Lettre à Gervasio.* Œuv. compl., t. VII, p. 410, 411.

rendre tous les biens dont il l'avait comblé. Néron se récria, joua les beaux sentiments, protesta qu'il ne pouvait se priver des conseils d'un ami tel que lui.

Cependant de ce jour Sénèque parut plus rarement au palais, prétextant la maladie ou l'étude. C'est alors qu'il retrouva la philosophie, fort oubliée depuis quatorze ans. Il vécut ses dernières années avec une simplicité vraiment stoïque; calme, semble-t-il, et s'attendant à tout, en un temps où les honnêtes gens, suivant son expression, vivaient dans un sursaut perpétuel (*persultantibus præcordiis vivitur*) et où nul n'était sûr du lendemain.

Dans l'entourage de Néron qui notait le sourcil froncé de l'ancien précepteur, Sénèque passait pour être un des plus notables parmi les mécontents. Tacite fait entendre à deux reprises que Néron essaya de s'en débarrasser par le poison. La tentative échoua.

Tout au commencement de l'année 65 éclata la conspiration de Pison. Elle comprenait toute sorte d'éléments, des sénateurs, des chevaliers, des soldats, le préfet du prétoire Fénius Rufus. Bien des pensées avaient lié les conjurés, et de valeur inégale. Tous voulaient débarrasser le monde d'un monstre tel que Néron. La trahison dénoua le faisceau de ces volontés. Des supplices suivirent. Sénèque connaissait Pison; son nom fut prononcé par des délateurs. Il était à charge à Néron, et plusieurs, assure-t-on, avaient songé, Néron mort, à lui confier le gouvernement de l'État. De retour de la Campanie, Sénèque était alors dans une de ses campagnes à quatre milles de Rome. Il était à table avec Pauline, sa seconde femme, et deux amis, lorsque le tribun d'une cohorte prétorienne, Granius Silvanus, arriva et, après avoir fait investir sa maison, y entra.

Sénèque interrogé ne nia pas ses relations avec Pison, ajoutant que le soin de sa santé et son goût du repos les avaient dans les derniers temps rendues plus rares. Il rappelait qu'il n'était pas enclin à la flatterie, et que personne ne le savait mieux que Néron, qui avait plus souvent fait l'épreuve de son indépendance que de sa servilité. Le tribun retourna, rapporta à l'empereur ces quelques paroles. Celui-ci demanda si Sénèque songeait à se donner la mort. Le tribun assura qu'il n'avait manifesté aucune crainte. On lui ordonna de repartir et d'annoncer à Sénèque qu'il fallait mourir. Ce Silvanus était du complot, et quoique les conjurés missent une sorte d'empressement à se trahir les uns les autres, il envoya à sa place des centurions porter à Sénèque la fatale nouvelle (Tacite, *Ann.*, XV, 61).

Il faut lire dans *Tacite* la scène touchante des derniers moments de Sénèque. Plusieurs traits rappellent les dernières pages du *Phédon*. Les amis qui l'entouraient fondaient en larmes, et lui les rappelait à la fermeté, tantôt avec douceur, tantôt du ton d'un maître qui réprimande. « Que sont devenus, disait-il, les préceptes de la sagesse? Était-il un seul homme à qui la cruauté de Néron ne fût connue? Et que restait-il au prince, après avoir tué son frère et sa mère, que d'immoler le maître qui avait élevé son enfance? »

Pauline voulut mourir avec son mari, et le même fer leur ouvrit les veines des bras. La mort était lente à venir. De son corps épuisé par la maladie et les privations volontaires, le sang coulait à peine. Sénèque avala de la ciguë, mais le poison fut sans effet. Enfin, on le porta dans une étuve, dont la vapeur l'étouffa. Pauline, sauvée par ordre de Néron, survécut quelques années et garda dignement son souvenir.

Telle est la vie de Sénèque : on voudrait en arracher plus d'un trait. Ce qu'il y a de plus beau dans cette vie, ce sont ses derniers moments. Partout ailleurs, ou du moins trop souvent, sa conscience valut mieux que ses actes. Il n'enchaîna guère les féroces ou bas instincts de Néron. Les cinq premières années du règne,

qu'il est de mode de célébrer, contiennent le meurtre
de Britannicus et celui d'Agrippine. Tacite est d'ordinaire favorable à Sénèque; il s'en faut cependant qu'il
le place au nombre de ses héros, les Thraséas, les Bora-
nus et les Helvidius Priscus. Sénèque est à ses yeux
un homme d'une vertu moyenne, une âme relativement honnête mais mal trempée, un esprit plus agréa-
ble que vigoureux.

Laissons maintenant l'homme public pour parler du
philosophe, homme public aussi, précepteur non plus
de Néron qui ne l'écoute guère, mais du genre humain,
auquel, dans un juste sentiment de sa valeur, il adresse
ses leçons. La postérité d'ordinaire, soucieuse des écrits,
s'inquiète peu des hommes mêmes, d'abord parce que
le plus souvent, surtout quand il s'agit des anciens,
elle les connaît mal; en second lieu, parce que les
écrits, s'ils valent beaucoup par eux-mêmes, ne paraissent pas diminués par l'indignité de ceux qui les ont
composés. On fait exception pour ceux qui ont eu la
prétention de donner des leçons aux autres hommes.
Sénèque est un de ceux-là, et ce qu'on sait de sa vie a
fait quelque tort à ses écrits. Il convient, et il est juste
de les considérer en eux-mêmes. Une doctrine morale
garde sa hauteur et sa pureté, encore que celui qui l'a
enseignée ne s'y soit pas conformé avec la fermeté
qu'on souhaiterait.

Sénèque est stoïcien, mais non pas stoïcien ortho-
doxe. On chercherait vainement dans ses œuvres un
système rigoureux et bien lié dans toutes ses parties,
et qu'eût avoué un des maîtres de l'ancien portique. Il
professe une grande liberté en face des maîtres qu'il
aime à suivre, et ne veut subir en esclave l'autorité de
personne. Son éducation lui avait donné une grande
largeur d'esprit; ses nombreuses lectures l'augmen-
tèrent encore. Adolescent, il goûta les sévères leçons
d'un pythagoricien, il admirait l'indépendance de Démétrius le Cynique. Il a écrit que, pour qui sait y re-

garder de près, les préceptes de la philosophie d'Épicure
sont purs jusqu'à l'austérité. Il n'y a pas de secte de
philosophie où il n'y ait, selon lui, beaucoup à prendre.
Continuellement il cite et loue Épicure. Il prend son
bien partout où il le rencontre, estimant que tout ce
qui a été dit de bon lui appartient. Cette liberté intellectuelle n'a rien qui surprenne, quand on songe que
Sénèque n'est pas un sectaire retiré à l'ombre d'une
école, mais un homme mêlé aux choses du monde. De
plus, la doctrine stoïcienne subissait alors une trans-
formation. Elle prenait chaque jour davantage le caractère d'une discipline morale, aspirait à donner aux
âmes des règles de vie pratique. Ce qu'il y a de plus
vivant et de plus sain dans la philosophie de Sénèque
vient de son expérience et de ses réflexions person-
nelles plus que de la vieille doctrine de Zénon. Les
principes et les préceptes généraux du stoïcisme, on les
pourrait trouver sans doute dans ses écrits, mais Sénèque les donne pour ainsi dire par acquit de conscience, comme chose d'école, sans être bien sûr de
leur efficacité. Il sait qu'ils dépassent le but qu'il s'est
proposé, et qu'il poursuit avec un zèle, ajoutons
avec une ardeur de prosélytisme fort rare dans l'antiquité, où il suffit à chacun d'être sage pour soi. Il enseigne sans pédantisme, non pour amuser les oisifs,
mais pour former les mœurs. C'est là, suivant lui,
l'office du vrai philosophe. Il l'explique dans vingt
passages : « La philosophie, dit-il, dans sa 16ᵉ Lettre
à Lucilius, n'est point un art fait pour plaire à la
foule, une chose d'étalage et de parade; ce n'est point
dans les mots, mais dans les choses qu'elle réside.
Elle n'est point faite pour servir à tuer le temps et
égayer l'ennui : elle forme l'âme, la façonne, règle la
vie, guide les actions, montre ce qu'il faut faire ou
éviter; elle siège au gouvernail et dirige à travers les
écueils notre course agitée. Sans elle point de sécurité.
Combien d'incidents à toute heure exigent des conseils

qu'on ne peut demander qu'à elle! » La fonction du vrai philosophe, c'est d'être le maître et le gardien des âmes, *animorum magister et custos.* « Son œuvre, c'est de les fortifier, de ramener à la santé celles qui sont malades, de relever celles qui chancellent, d'offrir enfin à toutes les infirmités et à toutes les faiblesses morales des remèdes et des palliatifs convenables. » « Si l'on m'offrait la sagesse, dit-il encore, à cette condition de la posséder pour moi tout seul, je n'en voudrais pas. » Et la philosophie ne s'adresse pas seulement à quelques âmes de choix. Elle doit aller à toutes celles qui souffrent, leur tendre la main, les éclairer, les guider, les soutenir, les consoler, et ne désespérer de leur amendement et de leur *salut* que quand elles sont tellement endurcies et enfoncées dans le mal, que son ministère serait inutile et ses efforts perdus (*Ep.* 112).

La philosophie, comme Sénèque l'entend, est le premier des arts, l'art d'être homme de bien, car la vertu s'apprend (*ars est bonum fieri*) et elle s'enseigne aussi, c'est l'art de faire des hommes de bien. Le vrai philosophe est « le pédagogue du genre humain ». Il y a des enfants parmi les hommes faits et parmi les vieillards même, la philosophie les dégage des puérilités dont ils sont les jouets, et les élève à la dignité virile. Les grands discours publics, les prédications éloquentes devant un nombreux auditoire, ne sont pas inutiles sans doute. On y peut puiser au moins le goût et l'estime de la sagesse. Mais à défaut de la sagesse, la vertu n'a pas besoin, pour être enseignée, du grand fracas de l'éloquence des écoles. Le calme des conversations familières et des simples entretiens a d'ordinaire de plus sûrs effets. Le malade n'a que faire d'un médecin beau parleur : il en faut un qui sache guérir.

« Qu'est-ce que tous ces jeux puérils? dit Sénèque en parlant des logiciens raffinés et des faiseurs d'arguments subtils. Vous êtes au chevet de malheureux qu'il faut soigner » (*Ep.* 45, 75, 49, 117). Il ne laisse pas

aussi d'être sévère contre ceux qui savent ce qu'ils
doivent faire et ne le font pas. Il veut (que ne l'a t-il
toujours voulu pour lui-même!) qu'on enseigne par
l'exemple et la pratique (*Ep.* 52, 75). Il sait quelle autorité une vie bien réglée donne aux sages leçons. Et si
l'on ne trouve pas dans les contemporains et autour de
soi le modèle qu'on souhaite, il prescrit de le chercher
dans les temps passés. Rien n'est plus utile que d'agir
toujours comme si l'on avait devant soi un témoin, ou
réellement présent ou idéal (*cogitatus*, Ep. 11).

Les thèses du stoïcisme classique ne manquent pas
dans les livres de Sénèque : l'éloge de l'impassibilité et
de l'invulnérabilité de l'âme, des apostrophes à la fortune adverse, des invectives contre toutes les passions,
et même contre la pitié, le portrait du sage, c'est-à-dire
de cet être de raison à qui il ne manque pour être
homme que l'humanité. Mais ce sont là des lieux communs d'école. Ces souvenirs du stoïcisme primitif ont
échauffé peut-être l'imagination de Sénèque et fourni
matière à de brillants morceaux ; mais ils ne sont pas
descendus de sa tête à son cœur et à sa raison de tous
les jours. Il a beau nous montrer, avec une admiration
qui s'évertue, Caton imperturbable au milieu des ruines
de l'État et se dérobant par une mort deux fois voulue
à la servitude publique. Il paraît que c'est un idéal de
commande. La pensée de son vieux père n'a-t-elle pas
suffi à lui faire supporter d'intolérables douleurs et à
le retenir dans la vie ? Il a beau nous dire que le sage
est aussi exempt de troubles que l'air immobile au-
dessus des nuages ; qu'il doit ignorer la compassion,
ce défaut des petites âmes, dit-il, *vitium pusilli animi*
(*De Clementia*, II, 5) ; qu'il ne doit être ému ni de la
perte de ses parents, ni de la mort de ses amis ; il
proteste lui-même contre ces paradoxes quand il avoue
qu'on ne peut défendre à la nature de sentir, quand il
écrit : « Il y a des mouvements dont nous ne sommes
pas les maîtres. Nos larmes jaillissent souvent malgré

nous, et ces larmes nous soulagent. On peut obéir à la nature sans compromettre sa dignité » (*Ep.* 85, 89). La sagesse ne tient pas toujours la nature sous sa loi. La philosophie veut qu'on soit tempérant, mais non bourreau de soi-même. Si l'on objecte que la vertu parfaite est inaccessible, Sénèque l'accorde : elle est un idéal, un modèle qu'il faut avoir devant les yeux. S'il combat en théorie la doctrine péripatéticienne du juste milieu, il y revient dans la pratique : « Voici, dit-il, où j'aime que l'on s'arrête. Je voudrais un milieu entre la vertu parfaite et les mœurs du siècle, et que chacun, tout en nous voyant plus haut que soi, se reconnût en nous (*Ep.* 5). »

On dit et l'on répète couramment que les stoïciens pèchent par orgueil et dureté. Le reproche est injuste, adressé à Sénèque. Dans ses préceptes pratiques, Sénèque ne demande que ce qu'on peut donner. Ses leçons ne sont de nature à brusquer ni à désespérer personne. Il sait tempérer et adoucir la trop grande rigueur des principes. Il n'ignore pas que l'art de conduire les âmes est un art délicat et qui n'exclut pas certaines concessions ; qu'il faut aller lentement parfois, tourner des résistances qu'on ne saurait emporter par des attaques directes ; que la doctrine altière du tout ou rien est stérile en soi ; qu'on n'obtient l'amendement de soi-même et des autres que par d'insensibles progrès, que nul ne s'arrache de vive force à ses habitudes, et qu'on ne dépouille pas ses passions comme un manteau.

La pensée de Sénèque est indécise et quelque peu flottante sur les grands problèmes que l'observation personnelle ne peut résoudre de façon définitive. Si l'on interroge Sénèque sur l'existence et la nature de Dieu, sur ses rapports avec le monde, et la destinée de l'homme au delà de la vie terrestre, il ne paraît pas que sur toutes ces hautes questions que la raison humaine agite depuis qu'elle a conscience de soi, et que Sénèque ne veut pas qu'on raye du domaine de la

philosophie, il soit fixé et ait son siège fait. En ces
matières Sénèque a des aspirations plutôt que des
convictions. Tantôt il répète assez froidement les théo-
ries de son école sur le Dieu immanent au monde,
épars et comme tendu dans l'univers et qui n'est rien
que l'activité et la vie des choses. Cette doctrine, c'est le
panthéisme qui, suivant une double loi, oscille entre le
naturalisme et le mysticisme. Le plus souvent Sénèque
parle de Dieu dans un langage que Lactance ne craint
pas d'approuver. Dans son *De Providentia* notamment,
qui est dans le sens étymologique du mot une *théodicée*,
c'est-à-dire un plaidoyer pour Dieu, une défense de sa
justice et de sa bonté, *causam deorum agam*, Sénèque
écrit que Dieu a un cœur de père pour les hommes de
bien qu'il paraît frapper. A ses yeux Dieu est une raison
pure qui gouverne le monde, et veille sur l'humanité
sans négliger les individus. Dans nombre de passages,
il est un interprète éloquent du plus pur spiritualisme.
Pour ce qui est de la destinée de l'homme, il n'est pas
très affirmatif : il pose cependant l'immortalité de l'âme
comme une belle espérance, c'est un mot de Platon;
la mort est ou la fin ou l'ouverture à une vie nouvelle,
le corps n'étant qu'un fardeau qu'on a déposé ou une
peine qu'on a subie. On peut le dire, Sénèque n'est
étranger à aucune des grandes vérités de l'ordre moral.

Ce qui est intéressant dans Sénèque, ce n'est pas le
stoïcisme pur, mais l'interprétation qu'il lui donne et
les efforts qu'il fait pour l'appliquer à la bonne direction
de la vie[1]. Que d'idées justes et fortes recueillies par
le philosophe romain ont passé dans la morale, disons
mieux, dans l'âme moderne ! « Peu d'hommes, écrit-il,
sont irréprochables au regard de la loi écrite. Et d'ailleurs, combien est étroite et chétive la vertu selon la

---

1. Il faut lire dans l'ouvrage si distingué de M. Martha : *les Moralistes
sous l'empire romain*, la remarquable étude sur Sénèque qui ouvre le
volume et, en particulier, les pages délicates sur la théorie de la Direction
de conscience.

loi ! Combien la sphère du devoir est plus large que
celle du droit ! Que de choses la piété, l'humanité, la
justice et l'honneur nous prescrivent, qui ne sont pas
sur les tables de la loi ! » (*De Ira*, II, 27.) La loi de son
temps consacrait l'inégalité des hommes et sanctionnait
l'esclavage. Le philosophe enseigne que tous les hommes
sont les membres d'une seule famille : chevalier, affranchi, esclave, ne sont que des qualifications nées de
l'orgueil ou de la violence. Il veut que les esclaves
soient traités avec douceur : « Sois avec ton inférieur
comme tu voudrais que ton supérieur fût avec toi
(*Ep.* 47). » La loi autorise la réparation de l'injure et légitime la vengeance. Le philosophe écrit que la vengeance est chose odieuse et qui ne diffère de l'injure
que parce qu'elle la suit. Il ne veut pas qu'on rende le
mal pour le mal. Les hommes sont faits pour s'en-
tr'aider les uns les autres. Il prescrit de faire du bien
aux inconnus, aux méchants, et même à ses ennemis.
La loi et l'usage permettent les combats de gladiateurs.
Ce sont fêtes officielles, et l'effusion du sang dans les
amphithéâtres est un jeu et un service public. Le philosophe proteste contre ces spectacles sanglants, au
nom de l'humanité qu'ils violent et des mœurs qu'ils
rendent dures et sauvages. L'homme est chose sacrée
pour l'homme. Il ne craint pas seulement ces scènes
qui enseignent la violence et corrompent les mœurs :
à son ami il conseille de fuir la foule et la contagion
de ses passions mauvaises. Devant les statues des dieux
mille vœux honteux sont faits à voix basse. Le philosophe demande qu'on vive avec ses semblables comme
si Dieu nous voyait; et Dieu nous voit agir en effet
et pénètre jusqu'à nos plus secrètes pensées, et qu'on
parle à Dieu comme si les hommes nous entendaient
(*Ep.* 10).

La plupart des hommes ne s'occupent guère du
passé : ils ne songent qu'à l'avenir, se précipitant tout
entiers dans un temps qui ne leur appartient pas. Le

philosophe veut qu'ils s'inquiètent davantage du temps
présent, et qu'ils considèrent souvent les jours écoulés
pour y trouver d'utiles leçons ; il rappelle à ce sujet une
pratique qu'il avait entendu recommander par un philosophe pythagoricien, et qu'il suivait exactement dans
les derniers temps de sa vie : l'examen de concience
le soir, avant de se livrer au sommeil. Quoi de plu
salutaire que de repasser sa journée, de se citer et de
se juger soi-même au tribunal secret du for intérieur !

Encore une fois c'est par cette constante préoccupation
de l'avancement et du progrès moral, c'est par la jus-
tesse et la délicatesse des prescriptions pratiques que
vaut surtout Sénèque. La plupart de ses livres, mais
surtout les *Lettres à Lucilius,* écrites dans la retraite de
ses cinq ou six dernières années, composent comme un
manuel de direction de conscience qu'en tout temps on
a pu et on peut lire avec fruit.

Ceux qui refusent à la nature humaine la capacité
de s'élever, par ses seules forces et sans le secours de
la révélation, à une morale digne de ce nom, trouve-
raient ici de quoi s'étonner s'ils n'avaient sous la main
une vieille légende, avec laquelle tout, paraît-il, s'explique fort aisément. L'apôtre saint Paul, à la fin de
61 et en 62, était très certainement à Rome dans une
captivité relativement assez douce, puisqu'il pouvait
voir et recevoir qui il voulait, et s'entretenir librement
avec ceux qui le venaient visiter. Or Sénèque n'a pas
pu ne pas connaître saint Paul, et ses aventures, et les
motifs de son appel à César. Il est donc entré en relations avec lui, il a conversé avec lui, il a appris de
lui la morale qu'il a déposée dans ses livres et dans
ses *Lettres à Lucilius.* Rien donc de surprenant si
cette morale ressemble à la morale chrétienne. C'est
saint Paul lui-même qui parle par la bouche du philosophe romain. Et comme preuve du fait de ces rapports
du philosophe avec l'apôtre, on allègue une correspondance composée de quatorze lettres qu'ils auraient

échangées, et le témoignage de saint Jérôme et de saint Augustin qui font mention de ces lettres, sans marquer pourtant qu'ils les ont lues ni s'expliquer sur leur authenticité.

Il n'est pas besoin d'être très versé dans la langue latine ni très familiarisé avec le style de Sénèque pour s'assurer que cette correspondance n'est pas de l'époque de Lucain, et que Sénèque n'a jamais écrit les huit lettres demi-barbares qu'on lui attribue. D'autre part saint Paul lisait et écrivait le grec, mais on ignore s'il savait le latin. La langue de l'Église de Rome jusqu'à la fin du IIIe siècle est la langue grecque. En tout cas, celui qui a écrit non pas seulement les lettres mises sous le nom de Paul, mais les huit de Sénèque, — les quatorze sont visiblement de la même main, — n'était pas un lettré. La correspondance était connue à la fin du IVe siècle; elle avait peut-être été composée dans la première moitié de ce siècle, par un homme fort étranger au style de Sénèque. C'est un document apocryphe, une fraude pieuse, comme il s'en est tant fait à Alexandrie et à Rome dans les quatre premiers siècles de notre ère

Que reste-t-il de la tradition du christianisme de Sénèque, si la correspondance n'est rien qu'un jeu d'esprit où l'auteur a couvert son ineptie et son mensonge de deux grands noms? Il reste une suite d'hypothèses sans valeur; à savoir:

1° Que saint Paul a *dû faire grand bruit à Rome.* Chose infiniment douteuse. Paul, qui est un grand personnage pour nous, était pour les contemporains de Sénèque un inconnu, un être méprisable, et réellement méprisé en sa double qualité de Juif et de prisonnier. Nul ne s'en inquiétait, sauf quelques Juifs obscurs sortis des bas-fonds du petit peuple;

2° Que Sénèque ne *put manquer* d'entendre parler de Paul; qu'il eut sans doute la curiosité de le voir; qu'il le vit donc et s'entretint avec lui; fut inévitablement touché de ses discours, en garda la vive impression et la fit passer dans ses écrits. Rien aussi de plus douteux. Sénèque, en 61 et en 62, vivait dans une obscurité volontaire, soit en Campanie, soit dans sa villa des environs de Rome, aussi peu curieux de la cour que de la foule, et fort peu occupé des affaires des nombreux accusés qui venaient à Rome après avoir fait appel au tribunal de César. Il est impossible de dire à quel titre Sénèque eût pu s'intéresser à saint Paul, désirer le voir et l'entendre. Il l'eût considéré vraisemblablement, s'il en avait entendu parler, comme un individu appartenant à cette race « infâme et scélérate, » qui prenait dans les régions obscures de la société romaine plus de place qu'il n'eût fallu pour le bon ordre. Sénèque ne pouvait même supposer que saint Paul portait à Rome des paroles dignes d'être recueillies, et que son nom et son œuvre étaient dûs à la plus lointaine postérité. Une autre réflexion vient à l'esprit : si Sénèque a pu voir et a vu librement saint Paul à Rome, ce que nul ne peut ni affirmer ni supposer avec quelque fondement, pourquoi lui aurait-il écrit? Il serait trop ridicule d'imaginer que Sénèque, l'auteur des *Lettres à Lucilius*, ait souhaité que les lettres écrites sous son nom à saint Paul parvinssent à la postérité.

Si l'on prend d'une façon générale l'expression *le christianisme de Sénèque*, en abandonnant la correspondance apocryphe, on peut donner deux sens à ce mot. Saint Justin, docteur de l'Église dans la première moitié du second siècle de notre ère, non seulement n'a pas cru que sa foi nouvelle l'obligeât à répudier et à fouler aux pieds toutes les œuvres de la philosophie profane, mais il a déclaré que cette philosophie lui avait servi comme de degrés pour monter à la foi ; il a professé que tous ceux qui, parmi les philosophes anciens, ont aimé et cherché la vérité et pratiqué la vertu, avaient été chrétiens, ainsi de Moïse, Héraclite, Socrate, Musonius. De la sorte il est permis de parler des idées chrétiennes de Sénèque comme on peut parler des idées chrétiennes des sept sages, des pythagoriciens, de Socrate et de Platon.

Mais si l'on prend l'expression strictement, et qu'on entende que Sénèque a tiré des écrits des chrétiens, ou des enseignements qu'ils répandaient dans le monde, les idées morales et religieuses qu'il a semées dans ses divers ouvrages, la thèse n'est plus soutenable. D'abord, au temps où saint Paul était à Rome, de 61 à 64, la plupart des ouvrages de Sénèque étaient composés et publiés, et en 65, date de la mort du philosophe, il n'y avait pas un seul livre du Nouveau Testament qui eût vu le jour et que Sénèque eût pu lire. En second lieu, la première thèse exclut la seconde. Si Socrate, Platon et Zénon ont pu penser et écrire comme ils ont fait, à l'aide des seules lumières naturelles, pourquoi Sénèque qui vient après eux, qui a vécu dans l'atmosphère qu'ils ont remplie de leurs idées, qui a lu et médité leurs livres et s'en est imprégné, ne l'aurait-il pu ?

La morale de Sénèque, pour le fond, appartient aux stoïciens, à Cicéron, à Aristote, à Platon, à Épicure, aux pythagoriciens, à tous les meilleurs interprètes de la sagesse antique qu'il résume et où il puise librement, suivant sa devise : « *Quidquid bonum est meum est.* » Il n'emprunte rien aux écrits chrétiens, par la bonne raison qu'il n'en pouvait connaître aucun. On ne peut dire non plus qu'il a subi sans s'en douter l'influence de l'esprit chrétien, parce que cet esprit a suivi et non précédé ses écrits, et qu'en son temps la prédication de la religion nouvelle n'avait pas encore créé un courant d'idées capable d'agir sur le milieu où Sénèque a vécu.

Il est fort malaisé de parler de Sénèque sans tomber dans le panégyrique ou la satire. Accuser Sénèque d'hypocrisie, c'est être manifestement injuste ; prétendre d'autre part qu'il y ait eu accord parfait entre son langage et sa vie, c'est une autre espèce d'exagération. Bacon, dans les temps modernes, fut un très grand esprit, et un caractère fort médiocre. Il en fut de même au premier siècle pour Sénèque. L'homme public a bien des taches qu'on voudrait effacer, bien des complaisances, des connivences ou des faiblesses que toute morale condamne, celle de Sénèque comme la nôtre. En lui l'écrivain non plus n'est pas sans défaut. Mais ici c'est surtout la faute de son temps : Sénèque a trop d'esprit, il n'a pas assez de goût, il a une abondance qui parfois fatigue, il se répète à l'excès sans se renouveler. C'est peut-être, pour ce dernier point, un défaut de sermonnaire. Ce n'est pas du premier coup qu'on pénètre dans les âmes et qu'on y fait entrer les bonnes semences. En Sénèque, ce qui paraît excellent, c'est le moraliste, non pour le système et les principes théoriques où Sénèque n'innove guère, mais pour la façon vive, pénétrante, personnelle, dont il les interprète, les explique et les applique, sans s'attacher à une fidélité servile, uniquement préoccupé qu'il est des intérêts moraux et du solide amendement de ceux auxquels il s'adresse. Il n'est pas, dans les deux antiquités, d'esprit plus habile à manier les âmes, plus expert à les conseiller et à les guider. Aucun philosophe avant lui n'est entré plus avant dans le gouvernement de la vie intérieure. Par nombre de traits, de maximes et de préceptes, Sénèque a devancé les modernes dans l'art si délicat de la direction des consciences. C'est par là qu'il vaut beaucoup et ne relève de personne. Si la vertu pratique peut s'apprendre, Sénèque est un maître, et les leçons qu'il donne n'ont pas vieilli.

LES LETTRES A LUCILIUS.

Parmi les œuvres de Sénèque qui sont venues jusqu'à nous, il n'en est pas une qui, au point de vue de l'enseignement de la morale pratique, ait autant de prix et d'intérêt que le recueil des *Lettres à Lucilius* son ami, chevalier romain et longtemps procurateur, c'est-à-dire chargé de la direction des domaines et des douanes, dans la province de Sicile.

Ces *Lettres* paraissent avoir été écrites dans les dernières années de la vie de Sénèque, à partir de l'année 58. Dans l'une des premières, le philosophe nous parle de sa vieillesse et des divers témoignages que lui en fournissent les moindres objets qui l'environnent. Ailleurs, dans la quatre-vingt-onzième lettre, Sénèque fait mention d'un incendie qui venait de dévorer et de ruiner de fond en comble la colonie de Lyon. Le fait eut lieu en 59.

A partir de cette année, qui est celle où eut lieu le meurtre d'Agrippine, l'autorité de Burrhus et de Sénèque commença à décliner, et le dernier dut songer pour lui-même à la retraite qu'il conseille si souvent aux autres.

Les *Lettres à Lucilius* ont été dès l'antiquité distribuées en livres. Nous comptons aujourd'hui vingt livres qui contiennent en tout cent vingt-quatre lettres. Mais le recueil est venu à nous incomplet. Aulu-Gelle, écrivain du milieu du second siècle, cite le vingt-deuxième livre des *Lettres morales à Lucilius*, citation qui prouve manifestement ces deux points que nous notons : en premier lieu, que la division des *Lettres* en livres n'est pas le fait des éditeurs modernes, en second lieu, que notre recueil de cent vingt-quatre lettres ne contient pas toutes les lettres que Sénèque a composées et que ses contemporains purent connaître. La mention

d'Aulu-Gelle prouve encore qu'au milieu du second
siècle les *Lettres* de Sénèque étaient déjà publiées.
Il est permis de croire qu'elles étaient publiées depuis
longtemps, et que Sénèque lui-même songea à les
éditer. Déjà une lecture superficielle nous montre que
l'auteur eut soin de ne toucher nulle part aux événements contemporains, qu'il s'abstint de faire mention des faits publics et de tout ce qui était de nature à
froisser l'autorité ombrageuse de Néron et de ses amis.
Si ces *Lettres* n'eussent pas été écrites pour le public,
si elles étaient faites pour rester entre les mains d'un
ami fidèle et dévoué, on pourrait vraiment s'étonner
de n'y trouver ni mention des faits contemporains, ni
réflexion sur leurs auteurs, quels qu'ils fussent, ni rien
de ce je ne sais quoi d'intime et de personnel qui remplit d'or Linaire les correspondances privées. Le genre
épistolaire sans doute admet tous les styles et tous les
sujets; mais une correspondance qui est constamment
hors du terrain de la politique contemporaine et des
choses du jour suggère à l'esprit cette idée que l'auteur
qui l'a écrite s'est abstenu systématiquement d'aborder
ces sujets parce qu'il a voulu que ses *Lettres* vissent
le grand jour, et servissent non pas seulement à Lucilius auquel elles étaient adressées, mais à tous ceux
qui voudraient prendre la peine de les lire. Nous
n'avons pas besoin, du reste, de faire ici des inductions
et de conclure les intentions de Sénèque de la réserve
qu'il s'est imposée au sujet des choses et des personnes
du temps. Nous avons dans une lettre un témoignage
précis et formel. « Dans une lettre à Idoménée, écrit-il,
Épicure disait à cet homme qui, en qualité de ministre,
tenait les rênes d'un grand empire : Si c'est la gloire
qui te touche, tu seras plus connu par ma correspondance que par toutes ces grandeurs que tu courtises
et pour lesquelles tu es courtisé. Et n'a-t-il pas dit
vrai? Qui connaîtrait Idoménée si Épicure n'avait bu-
riné ce nom dans ses lettres? Tous ces grands, ces

satrapes, et ce grand roi lui-même de qui Idoménée croyait tirer son éclat, un profond oubli les a dévorés. Les lettres de Cicéron ne permettent pas que le nom d'Atticus périsse. Il n'eût servi de rien à Atticus d'avoir eu pour gendre Agrippa, pour mari de sa petite-fille Tibère Drusus, Caius César pour arrière-petit-fils; au milieu de ces noms célèbres nul n'eût parlé de lui, si le grand orateur ne se l'était associé. L'océan des âges viendra s'amonceler sur nous : quelques génies élèveront leurs têtes, et avant de s'éteindre un jour ou l'autre dans le même silence, lutteront contre l'oubli et sauront longtemps s'en défendre. Ce qu'Épicure a pu promettre à son ami, je te le promets à toi, Lucilius. J'aurai crédit chez la postérité. Il m'est permis de faire durer les noms que j'emporte avec moi (*Ep.* 21). » Ce passage est assez positif. Sénèque, dans une autre lettre (*Ep.* 73) où il défend les philosophes de l'éternel reproche d'être des citoyens rebelles et ennemis du pouvoir, des mécontents, des inutiles dans l'État et des idéologues, reproche qu'on leur a fait en divers temps et qu'on adressait aussi un peu plus tard aux chrétiens, songe moins sans doute à être lu par son ami Lucilius que par Néron et les politiques du temps. Pour toutes ces raisons, il n'est pas douteux que Sénèque, en composant ses *Lettres*, avec un soin littéraire d'ailleurs et une sorte de coquetterie, si l'on peut dire, qu'on emploie moins pour ses amis intimes que pour ce grand anonyme qu'on appelle le public, ait songé à les publier lui-même. La mort empêcha ce dessein, ou plutôt le retarda, mais seulement de quelques années. On peut supposer qu'elles virent le jour avant la mort de Néron; c'est pour cela sans doute qu'on y trouve si peu de noms propres. Sénèque était mort, condamné comme complice de la conspiration de Pison. Plusieurs qu'on savait ses amis et qui étaient à ce seul titre suspects, furent envoyés en exil presque immédiatement. Il est divers passages où l'éditeur du philosophe a effacé et remplacé par des pronoms, comme *iste*, ou des termes généraux, *quidam*, *Stoicus*, des noms propres qu'on ne peut retrouver aujourd'hui, mais qui devaient être écrits en toutes lettres dans la correspondance de l'auteur. L'impersonnalité de ces *Lettres* était chose voulue. Elle avait paru une condition de publicité à cette triste époque. Le parti pris d'effacer partout les noms des contemporains s'explique par le désir de ne compromettre personne et d'éviter aux amis survivants du philosophe le péril que pouvait entraîner la preuve écrite de leur familiarité avec celui que la colère soupçonneuse du prince avait frappé.

La matière des *Lettres morales à Lucilius* est celle même qui dans la littérature spirituelle a pour objet la bonne direction des pensées et des actions, l'amendement et la pureté intérieure et l'accomplissement du parfait chrétien. Pour Sénèque il s'agit du parfait philosophe. Ce n'est guère qu'une différence de mots. Des deux côtés, en effet, il ne s'agit pas de l'honnête homme, selon la loi, ni même selon l'opinion et l'honneur du monde, mais de quelque chose de plus rare et de plus exquis ; à savoir : de façonner une âme grande sans raideur ni morgue, simple sans bassesse, libre et ferme sans dureté, sévère pour soi, facile, bienveillante et serviable à tous les autres, détestant le mal et parce qu'il abaisse et parce qu'il est honteux, cherchant à s'assurer la noble et grave joie de la bonne conscience, et goûtant sans orgueil dans la pratique des vertus humaines, de l'acquiescement à la volonté divine et du dédain des choses extérieures, le contentement de soi-même. Tous les conseils, tous les préceptes épars dans les *Lettres* de Sénèque ont pour objet la réalisation de cet idéal de pureté et de noblesse morale qui aujourd'hui encore, après plus de dix-huit siècles, garde son prix. Entrer maintenant dans l'analyse des *Lettres à Lucilius* est une œuvre sans fin que nous n'entreprendrons pas. Il faut lire et méditer ce qui

vaut surtout par le détail. Il nous suffira de marquer
ici quelques titres de ces lettres.

De l'emploi du temps. — Du choix des amis. —
Des bonnes lectures. — De la futilité et du danger des
spectacles pour les bonnes mœurs. — Il faut fuir la
foule. — Il faut philosopher simplement et sans ostentation. — Travailler sur soi-même et dédaigner les
biens extérieurs. — De l'utilité de la retraite. — Des
bienfaits de la vieillesse et de la mort. — Des soins
du corps et de l'âme. — Tout quitter pour la philosophie. — Avantages de la pauvreté. — Laisser les
affaires, ne craindre ni l'avenir ni la mort. — Dangers
de la solitude. — Se plaire à soi-même plutôt qu'à la
foule. — L'homme de bien a Dieu en soi. — Traiter
ses esclaves comme des égaux. — Dédaigner les subti-
lités de la dialectique. — Des maladies de l'âme. —
La philosophie veut l'homme tout entier. — Des vraies
et des fausses joies. — Des vœux imprudents. — De
la patience dans les épreuves. — Ne point faire vanité
de la retraite. — Tout abandonner pour embrasser la
sagesse. — Que la gloire n'est que l'ombre de la vertu.
— Dieu connaît toutes nos pensées. — Mesurer sa vie
non sur sa durée, mais sur l'emploi qu'on en fait. —
Savoir ne pas condamner trop sévèrement les autres.
— Suivre sans murmurer la volonté de Dieu. — Ban-
nir les passions et fuir les apologistes du plaisir.

Ces divers sujets sont la commune matière des moralistes qui assument les délicates fonctions de direc-
teurs de conscience. Plus d'un, au xvii⁰ siècle, où cette
maîtrise morale a été exercée si excellemment, semble
avoir été emprunté à Sénèque et vient au moins de
ces mêmes préoccupations d'enseignement et d'amé-
lioration morale qui ont rempli la meilleure partie de
la vie de Sénèque. Il reste à celui-ci d'avoir, un des
premiers, ouvert ces sources fécondes d'instruction
intérieure, que d'autres après lui, avec de nouveaux
moyens d'exploration et les richesses accumulées de

l'expérience humaine, ont su creuser et élargir encore.

Dans un juste sentiment de sa valeur, le philosophe romain écrivait quelque part à Lucilius qu'il travaillait pour la postérité et qu'il aurait quelque autorité dans les temps à venir (*habebo apud posteros gratiam*). Nous voyons cependant qu'un siècle à peine après la mort de Sénèque, l'éclat de son nom avait singulièrement pâli. Il avait été goûté de ses contemporains, plus peut-être pour les séduisants défauts que note en passant le grave Quintilien que pour ses solides qualités de penseur. Au temps d'Aulu-Gelle, le goût avait changé. Les beaux esprits d'alors revenaient à Cicéron, un peu négligé au siècle précédent, et même, remontant plus loin dans le passé, s'attachaient aux plus anciens écrivains de Rome, Caton, Ennius, Claudius Quadrigarius. Les lettrés étaient fort épris alors d'archéologie littéraire. Ils estimaient que la façon d'écrire de Sénèque était vulgaire, triviale, fort éloignée de la dignité des anciens, et que c'était perdre son temps que de parcourir ses ouvrages.

Or les écrits qu'on ne lit pas, en un temps où les œuvres littéraires ne se conservent que par des copies manuscrites, se perdent bientôt. Des nombreux traités de Sénèque, plusieurs, on le sait, ne sont pas venus jusqu'à nous, et ce qui nous en reste, qu'on peut considérer comme le meilleur, n'est pas toujours complet. Cela même, ainsi que les lettres à Lucilius, dont nous avons au moins les deux tiers, eût également péri si, délaissé par les lecteurs païens, Sénèque n'eût été de bonne heure adopté, on peut le dire, par les lettrés de l'Église.

Cette espèce d'adoption, fondée sans doute sur la pureté morale des préceptes, des maximes et des pensées qui remplissent ses ouvrages et qui parurent dignes d'une plume chrétienne, eut lieu au moment même où le goût des païens dédaignait Sénèque. Minucius

Félix, l'élégant auteur de l'*Octavius*, est à très peu
près un contemporain d'Aulu-Gelle et de Fronton. Or,
moins exclusif que les lettrés de son temps, il goûte à
la fois Cicéron et Sénèque. Il se nourrit de la lecture
de ce dernier. Il l'imite visiblement en plusieurs passages de son *Octavius*. A la fin du même second siècle,
Tertullien cite Sénèque à plusieurs reprises et écrit de
lui le mot souvent cité, *Seneca sæpe noster*, Sénèque
qui souvent est des nôtres, c'est-à-dire qui pense
comme nous. Lactance, au commencement du ive siècle, parle de Sénèque avec une estime et une admiration constantes, et semble le mettre au nombre de ces
maîtres de la sagesse profane qu'il n'est pas loin de
considérer comme les patriarches de la doctrine chrétienne. Dans la seconde moitié du ive siècle, saint
Jérôme dit *notre Sénèque*, et saint Augustin, dans sa
Cité de Dieu, s'appuie sur des arguments d'un traité
perdu de Sénèque pour combattre la vanité ou l'absur-
dité de la théologie païenne.

A ce moment l'adoption de Sénèque par l'Église est
accomplie. Entre le premier siècle et le dernier quart
du ive la pieuse fantaisie d'un anonyme la consacre,
en composant les quatorze lettres insipides et d'évidente
fausseté censément échangées entre Sénèque et l'apôtre
saint Paul.

Il nous paraît très vraisemblable que c'est cette par-
ticulière estime des lettrés chrétiens pour Sénèque, qui
a empêché les œuvres du philosophe romain d'être
perdues pour nous. On les copia en effet dans les
cercles chrétiens avec une sorte de pieuse dévotion,
surtout depuis le moment où la correspondance apocryphe de l'apôtre des Gentils avec le philosophe
commença à circuler, le grand nom de saint Paul ser-
vant en quelque sorte d'égide au philosophe romain.

La particularité que nous avons notée déjà du *monogramme Constantinien*, à la suite de l'adresse de trois
épîtres dans notre manuscrit 8540, marque que cer-

taines lettres au moins pouvaient être recommandées
dans l'Église comme lecture pieuse et propre à édifier,
soit que ce monogramme vienne de celui qui a copié le
manuscrit vers la fin du ix° siècle et témoigne uniquement de son impression personnelle, soit que ce copiste
ait trouvé ces signes sur le manuscrit plus ancien qu'il
copiait et ait cru qu'il lui appartenait de les conserver en
les reproduisant exactement à leur place. Dans cette dernière hypothèse qui ne nous déplaît pas, mais qu'il
paraît impossible de confirmer par des preuves, le manuscrit primitif serait sorti d'une plume chrétienne et
daterait de la fin du iv° siècle ou de la première moitié
du v°.

Après ce temps, en effet, le monogramme Constantinien passe de mode ou prend une autre forme.

A l'époque carolingienne, ix° et x° siècle, le chrisme
Constantinien revient d'usage. On le trouve en tête de
chartes du milieu du ix° siècle, ou dans les signatures
des actes des conciles ou des synodes, avant le nom
et le titre de l'évêque signataire. Il se peut donc faire
que les trois chrismes de notre manuscrit 8540 soient le
fait du copiste de ce manuscrit. Dans les deux hypothèses ces signes semblent confirmer cette prise de
possession par l'Église des œuvres morales de Sénèque,
que les témoignages écrits nous montrent déjà visible
au iii° et au iv° siècle de notre ère.

L. ANNÆI SENECÆ

AD LUCILIUM

EPISTOLÆ MORALES

I-XVI

I

DE TEMPORIS PRETIO ET USU [1]

Ita fac, mi Lucili, vindica te tibi [2], et *tempus, quod adhuc aut auferebatur, aut subripiebatur* [3], *aut excidebat* [4], *collige et serva.* Persuade tibi hoc sic esse, ut scribo [5]; quædam tempora eripiuntur nobis, quædam

1. Dans les deux manuscrits des Lettres de Sénèque de la Bibliothèque nationale, qui sont des plus précieux que l'on possède sur les Épitres morales à Lucilius, fonds latin n° 8540, que nous appellerons avec Haase P, et même fonds n° 8648 A, que nous appellerons p, les lettres ne sont distribuées ni par livres ni par numéros, et n'ont pas de titre qui en résume le contenu. Le ms. p met en tête l'adresse banale *Seneca Lucilio suo Salutem* ou *S.*, et à la fin *Vale.* Le ms. P ne contient même pas cette formule, si ce n'est exceptionnellement.

2. *Vindica te tibi.* Remarquons ici que la première idée exprimée dans ces lettres est la revendication de la liberté personnelle. L'expression *vindicare* est empruntée à la langue du droit.

3. Il y a une nuance entre ces deux expressions : *auferebatur* se rapporte au temps que nous prennent les fonctions ou les prétendus devoirs; *subripiebatur* à celui que nous dérobent les conversations ou les relations de la vie commune. Même nuance un peu plus loin entre *eripiuntur* et *subducuntur*.

4. *Excidebat* est expliqué par *effluit.* C'est le temps qui se perd, qu'on laisse couler sans rien faire.

5. *Ut scribo*, dans le ms. p, est ajouté au-dessus de la ligne.

subducuntur, quædam effluunt. Turpissima tamen est jactura, quæ per negligentiam fit. Et si volueris adtendere, maxima pars vitæ elabitur male agentibus[1], magna nihil agentibus, tota vita aliud[2] agentibus. Quem mihi dabis, qui aliquod pretium tempori ponat, qui diem æstimet[3], qui intelligat se quotidie mori? in hoc enim fallimur, quod mortem prospicimus[4]: magna pars ejus jam præteriit. Quidquid ætatis retro est, mors tenet. Fac ergo, mi Lucili, quod facere te scribis, omnes horas complectere[5]. Sic fiet, ut minus ex crastino pendeas[6], si hodierno manum injeceris. Dum differtur vita, transcurrit[7]. Omnia, Lucili, aliena sunt; tempus tantum[8] nostrum est. In hujus rei unius fugacis ac lubricæ possessionem natura nos misit, ex qua expellit[9] qui-

1. *Male agentibus*, c'est-à-dire *male agendo*, à mal faire.

2. *Aliud.* A faire *autre chose* que ce qu'on doit faire.

3. *Diem æstimet*, donne du prix à une journée.

4. *Prospicimus*, voir au loin, devant soi, l'avenir; — mais la mort est aussi derrière nous. Tout le temps vécu lui appartient. Voy. *Ep.* 24 : *Non repente nos in mortem incidere, sed minutatim procedere. Quotidie morimur : quotidie enim demitur aliqua pars vitæ, et tunc quoque cum crescimus, vita decrescit... usque ad hesternum quidquid transiit temporis, periit. Hunc ipsum quem agimus diem cum morte dividimus. Quemadmodum clepsydram non extremum stillicidium exhausit, sed quidquid ante defluxit : sic ultima hora qua esse desinimus non sola mortem facit, sed sola consummat. Tunc ad illam pervenimus, sed diu venimus.*

5. *Complectere* — Ms. *p*, *complectare* — est expliqué par *manum injeceris* de la fin de la phrase.

6. *Ex crastino pendeas.* Voy. *De brevit. vitæ* le commentaire de la même pensée : « Maxima porro vitæ jactura dilatio est... Maximum vitæ impedimentum est expectatio quæ pendet ex crastino. Perdis hodiernum : quod in manu fortunæ positum est disponis; quod in tua, dimittis... Omnia quæ ventura sunt in incerto jacent, protinus vive.»

7. *Vita transcurrit.* De même dans Horace :

« ...Qui recte vivendi prorogat horam
Rusticus expectat dum defluat amnis, at ille
Labitur et labetur in omne volubilis ævum. »

8. Ms. *p*, *tempus tamen*; ms. P, *tempus tantum*, que nous adoptons après Fickert et Haase.

9. *Expellit.* Quelques mss. donnent *expellitur*; d'autres ajoutent

cumque vult. Hæc[1] tanta stultitia mortalium est, ut
quæ minima et vilissima sunt, certe reparabilia, imputari sibi[2], cum impetravere, patiantur, nemo se judicet
quidquam debere, qui tempus accepit[3], cum interim
hoc unum est, quod ne gratus quidem potest reddere[4].
Interrogabis fortasse, quid ego faciam, qui[5] tibi ista
præcipio. Fatebor ingenue : quod apud luxuriosum[6]
sed diligentem evenit[7], ratio mihi constat inpensæ.
Non possum dicere nihil perdere, sed quid perdam
et quare et quemadmodum, dicam[8]. Causas pauper-
tatis meæ reddam. Sed evenit mihi, quod plerisque
non suo vitio[9] ad inopiam redactis : omnes ignoscunt,
nemo succurrit[10]. Quid ergo est? non puto pauperem,
cui quantulumcumque superest, sat est : tu tamen malo
serves tua, et bono tempore[11] incipies. Nam ut visum est

nos à *expellit;* d'autres font précé-
der le verbe de la négation : *non
expellit.* Nous suivons la leçon
mieux autorisée de Haase. Le sens
du reste est fort clair : La seule
chose que la nature nous ait donnée,
c'est le temps, c'est la seule dont
on doive être ménager. Or, avares
pour tout le reste, nous nous laissons prendre notre temps par le
premier venu : *ex qua* (*re*), *ex cujus rei possessione quicumque
vult possessorem expellit.*

1. Ms. *p : hæc tanta,* que nous
préférons à *et tanta* donné par le
ms. P et adopté par Fickert et Haase.

2. *Imputari sibi.* Expliqué par
quidquam debere, qui est plus
loin : *imputer comme grand service.* Ils souffrent qu'on leur compte
comme grand service.

3. *Accepit* est la leçon du ms. P
adoptée par Fickert et Haase. Le
ms. *p* donne *accipit.*

4. *Quod ne.... reddere.* C'est un
bienfait que l'homme reconnais-
sant même ne saurait rendre.

5. *Qui tibi.* Le ms. *p* n'a pas *qui.*

6. *Luxuriosum,* dépensier, ma-
gnifique, vivant dans le luxe. *Dili-
gens* est expliqué par *ratio constat
impensæ,* l'extrême richesse et la
grande dépense n'excluent pas l'art
de savoir compter; je me rends raison de ma dépense.

7. *Evenit.* Le ms. *p* porte *inveni.*

8. *Dicam,* je dirai, c'est-à-dire :
je puis dire, je suis capable de dire
au besoin. De même pour *reddam.*

9. *Non suo vitio,* sans qu'il y
ait de leur faute, mais par la faute
de la fortune ou des circonstances.

10. *Omnes ignoscunt, nemo succurrit,* tous excusent, personne
n'assiste.

11. *Bono tempore,* sans trop longtemps attendre; ce qui suit explique
l'idée.

majoribus nostris, sera parcimonia in fundo est[1]. Non enim tantum minimum in imo, sed pessimum remanet[2]. Vale.

II

DE ITINERIBUS ET DE LECTIONE[3].

Ex his quæ mihi scribis, et ex his quæ audio, bonam spem de te concipio. Non discurris nec locorum mutationibus inquietaris. Ægri animi ista jactatio est[4]. Primum argumentum compositæ[5] mentis existimo, posse consistere et secum morari[6]. Illud autem *vide, ne ista lectio auctorum multorum et omnis generis voluminum habeat aliquid vagum et instabile*[7]. Cer-

1. *Sera parcimonia in fundo,* tardive économie, celle qui porte sur le fond.

2. Au fond du vase, il y a peu (*minimum*) et c'est la lie (*pessimum*). Voyez la même pensée dans la Lettre 108 : *Meliora præter volant, deteriora succedunt Quemadmodum ex amphora primum quod est sincerissimum effluit, gravissimum quodque turbidumque subsidit : sic in ætate nostra, quod optimum, in primo est. Id exhauriri in aliis potius patimur, ut nobis fæcem reservemus,* etc.

3. Comparer les Lettres 28 et 84.

4. *Jactatio.* Cette agitation, ce mouvement perpétuel est le fait d'une âme malade. Cf. au début de la Lettre 69 : *Mutare te loca et aliunde alio transilire nolo; primum quia tam frequens migratio instabilis animi est.* Lucrèce, à la fin de son troisième livre *De natura rerum,* a peint en traits bien forts cette agitation de l'âme, cet effort de se fuir pour se renouveler: « *Commutare locum quasi onus deponere possit. Exit sæpe foras,* etc. *Præterea morbi quia causam non tenet æger.* »

5. *Compositæ mentis,* d'un esprit établi dans le calme. L'impassibilité est, on le sait, l'idéal stoïcien, et si on ne peut l'atteindre, il faut au moins s'en approcher ; la grandeur est dans la sérénité d'une âme maîtresse de soi et en équilibre. Sénèque dit ailleurs : *Nihil magnum quod non et placidum.*

6. *Consistere,* s'arrêter, se fixer, *et secum morari,* et s'assurer en soi. Pascal exprime la même idée, et la creuse bien autrement dans son chapitre sur le *Divertissement.* Éd. Havet, art. iv. La Bruyère dit aussi : « Tout notre mal vient de ne pouvoir être seuls. » (*De l'homme.*)

7. *Aliquid vagum et instabile,* quelque chose de vagabond et d'agité.

tis ¹ ingeniis inmorari et innutriri ² oportet, si velis
aliquid trahere, quod in animo fideliter sedeat. Nusquam est qui ubique est. Vitam in peregrinatione exigentibus ³ hoc evenit, ut multa hospitia ⁴ habeant,
nullas amicitias. Idem accidat necesse est his, qui
nullius se ingenio familiariter applicant, sed omnia
cursim et properantes transmittunt. Non prodest cibus
nec corpori accedit, qui statim sumptus emittitur.
Nihil æque sanitatem impedit ⁵ quam remediorum
crebra mutatio. Non venit vulnus ad cicatricem, in quo
medicamenta tentantur; non convalescit planta, quæ
sæpe transfertur. Nihil tam utile est, ut in transitu ⁶
prosit : distringit ⁷ librorum multitudo. Itaque cum le-
gero non possis, quantum habueris, satis est habere,
quantum legas. « Sed modo, inquis, hunc librum evolvere volo, modo illum. » Fastidientis stomachi est
multa degustare, quæ ubi varia sunt et diversa, inquinant ⁸, non alunt. Probatos ⁹ itaque semper lege, et si
quando ad alios diverti libuerit, ad priores redi : ali-

1. *Certis*, certains, quelques-uns, en petit nombre; opposé à *auctorum multorum et omnis generis voluminum.*

2. *Innutriri*. Épictète (*dissert.*, liv. II, ch. ix) écrit de même : Autre chose est de faire comme ceux qui serrent dans leur cellier du pain et du vin, ou de faire comme ceux qui s'en nourrissent. Ce dont on se nourrit se digère, se répand dans le corps, devient des muscles, de la chair, des os, du sang, le teint et la fleur de la santé. Ce qu'on a serré, on l'a sous la main pour le pouvoir prendre et montrer, mais on n'en tire d'autre profit que de faire voir qu'on l'a. Cf. encore Epict. *dissert.*, I, 26.

3. *Exigentibus;* d'autres éditions portent *agentibus;* le sens est le même et n'est point douteux.

4. *Multa hospitia*, c'est la leçon du ms. P. Le ms. *p* écrit *mala ospicia.*

5. *Impedit*. Leçon du ms. P. — Ms. *p : sanitatem impendit.*

6. *In transitu*, en passant, comme plus haut *cursim et properantes.*

7. *Distringit*. Certains mss. portent *distrahit*, même sens que *divertit* comme l'entend Pascal, c'est-à-dire dissipe.

8. *Inquinant*, gâtent, encrassent.

9. *Probatos*, les classiques. Les littératures grecque et romaine, on le sait, avaient chacune les leurs, au temps de Sénèque.

quid quotidie adversus paupertatem, aliquid adversus mortem auxilii conpara, nec minus adversus ceteras pestes. Et cum multa percurreris, unum excerpe, quod illo die concoquas[1]. Hoc ipso quoque facio : ex pluribus, quæ legi, aliquid apprehendo. Hodiernum hoc est, quod apud Epicurum nactus sum[2] — soleo enim et in aliena castra[3] transire, non tamquam transfuga, sed tamquam explorator — : *Honesta*, inquit, *res est læta[4] paupertas*. Illa vero non est paupertas, si læta est : cui cum paupertate bene convenit[5], dives est. Non qui parum habet, sed qui plus cupit, pauper est. Quid enim refert, quantum illi in arca, quantum in horreis jaceat, quantum pascat, quantum fœneret[6], si alieno inminet, si non acquisita, sed acquirenda conputat? Quis sit divitiarum modus, quæris : primus, habere quod necesse est[7]; proximus, quod sat est. Vale.

III

DE AMICO[8].

Epistolas ad me perferendas tradidisti, ut scribis amico tuo. Deinde admones me, ne omnia cum eo ad

---

1. *Unum excerpe*, mets à part un passage, une pensée; *quod illo die concoquas*, que tu puisses ce jour-là ruminer et digérer à l'aise, dont tu puisses faire ton profit en la soumettant à un mûr examen.

2. *Nactus sum.* Haase, suiv. le ms. P, écrit *nanctus sum;* nous préférons avec Fickert suivre le ms. p, qui donne *nactus sum.*

3. *In aliena castra*, dans les écoles étrangères. Cf. *De vit. beata*, passim.

4. *Læta*, gaie, heureuse, contente de soi.

5. *Cui cum paupertate bene convenit*, celui qui vit en bonne intelligence avec la pauvreté. Le ms. p met en marge comme une glose, ou pour combler une lacune, les mots : *illa non est paupertas — dives est.*

6. *Quantum pascat aut fœneret*, combien il a de troupeaux ou de revenu d'argent prêté.

7. *Quod necesse est*, le nécessaire, selon la nature, ce qu'il faut. *Quod sat est*, autant qu'il faut.

8. *De amico* est le titre que donne le ms. P.

te pertinentia communicem, quia non soleas ne ipse quidem id facere : ita eadem epistola illum et dixisti amicum et negasti. Itaque sic priore illo verbo [1] quasi publico [2] usus es et sic illum *amicum* vocasti, quomodo omnes candidatos [3] *bonos viros* dicimus. Quomodo obvios, si nomen non succurrit [4], *dominos* [5] salutamus. Hac abierit [6]. *Sed si aliquem amicum existimas, cui non tantumdem credis quantum tibi, vehementer erras et non satis nosti vim veræ amicitiæ* [7]. Tu vero omnia cum amico delibera, sed de ipso prius [8]. Post amicitiam credendum est, ante amicitiam judicandum [9]. Isti vero præpostero [10] officia permiscent, qui contra præcepta Theophrasti, cum amaverunt, judicant, et non amant, cum judicaverunt. Diu cogita,

---

1. *Priore illo verbo*, là où tu l'as appelé ton ami. Le mot *priore* n'a pas de *pendant* exprimé; le mot *negasti* contient implicitement : *posteriore verbo*.

2. *Publico*, selon l'usage vulgaire et banal.

3. *Candidatos*, ceux qu'on met en avant pour quelque dignité ou quelque charge publique; on les appelle *bonos viros*, des honnêtes gens, terme vague et qui n'engage personne.

4. *Si nomen non succurrit*, si leur nom nous échappe.

5. *Dominos*, en français : monsieur.

6. *Hac abierit*. D'autres éditions portent *hic* ou *hoc abierit;* nos deux mss. donnent *hac abierit;* plusieurs mss. ne portent pas ces deux mots. *Hac (via) abierit*, c'est-à-dire que la chose s'en aille par là, passons là-dessus. Gronovius aime mieux la leçon *hic abierit. Hic*, c'est-à-dire celui que tu appelles ami, n'en parlons plus et prenons la question en général et de plus haut.

7. *Vim veræ amicitiæ*, la nature, l'essence de la véritable amitié. Après *vim veræ amicitiæ* le ms. P insère quelques lignes qu'on trouve à la fin de la Lettre 19 : « Errat et ille qui amicum in atrio quærit » — jusqu'à : « quibus ipse non est. »

8. *De ipso prius*. Sidoine dit de même : « Est enim consuetudinis meæ ut eligam ante, post diligam ». Le sens du passage est clair : Que ton ami soit le confident de tes pensées, de tes réflexions, mais qu'auparavant il en ait été l'objet.

9. *Credendum, judicandum*, confiance, discernement.

10. *Præpostero permiscent*, confondent les devoirs en les prenant dans un ordre inverse, c'est-à-dire l'examen du caractère après l'affection donnée. Voir pour Théophraste, cité ici, le traité *De l'amour fraternel* dans les *Œuvres morales* de Plutarque.

an tibi in amicitiam aliquis recipiendus sit. Cum placuerit fieri [1], toto illum pectore admitto : tam audaciter [2] cum illo loquere quam tecum. Tu quidem ita
vive, ut nihil tibi committas [3], nisi quod committere
etiam inimico tuo possis. Sed quia interveniunt quædam, quæ consuetudo facit arcana, cum amico omnes
curas, omnes cogitationes tuas misce. Fidelem si putaveris, facies [4]. Nam quidam fallere docuerunt, dum timent falli, et illi jus [5] peccandi suspicando fecerunt.
Quid est, quare ego ulla verba coram amico meo retraham [6]? Quid est, quare me coram illo non putem solum? Quidam quæ tantum amicis committenda sunt,
obviis narrant et in quaslibet aures, quidquid illos
urit [7], exonerant. Quidam rursus etiam carissimorum
conscientiam [8] reformidant, et si possent, ne sibi quidem credituri interius premunt omne secretum : neu-
trum faciendum est. Utrumque enim vitium est et
omnibus credere et nulli. Sed alterum honestius [9] dixe-

---

1. *Cum placuerit fieri*, c'est-
à-dire : *post deliberationem et ju-
dicio exacto.*

2. *Tam audaciter,* avec une aussi
pleine franchise.

3. *Nihil tibi committas.* Synonyme : *Nihil tibi conscias, nullius rei conscientiam habeas ;* que
tu ne puisses charger ta conscience
de rien que... que tu n'aies rien a
t'avouer que...

4. *Fidelem si putaveris, facies.*
Tite-Live dit de même : « Vult sibi
quisque credi et habita fides ipsam
obligat fidem. » La confiance qu'on
montre produit la loyauté chez celui
qui en est l'objet.

5. *Jus.* L'expression est bien
forte : la défiance ne peut autoriser
ni justifier la perfidie, mais elle

donne souvent l'envie de tromper.

6. *Retraham verba,* retenir mes
paroles.

7. *Quidquid illos uri'* métaphore qui a passé dans notre
langue : quelque secret qui les
brûle.

8. *Conscientiam.* Ce mot, qui
souvent veut dire « complicité », est
pris ici dans son sens étymologique : le partage des idées et des
sentiments.

9. *Honestius... tutius,* la confiance sans mesure est un défaut
qui vient de trop de bonté et d'effusion de cœur et d'un excès d'in-
dulgence dans le jugement qu'on
porte sur les autres. *Tutius.* La défiance est mère de la sûreté, comme
on dit. Elle part d'une âme étroite

rim vitium, alterum tutius. Sic utrosque reprehendas,
et eos qui semper inquieti sunt, et eos qui semper
quiescunt. Nam illa tumultu [1] gaudens non est indus-
tria, sed exagitatæ mentis concursatio. Et hæc non
est quies, quæ motum omnem molestiam [2] judicat,
sed dissolutio [3] et languor. Itaque hoc, quod apud
Pomponium [4] legi, animo mandabitur :

> Quidam adeo in latebras refugere, ut putent in turbido esse [5],
> quicquid est in luce.

Inter se ista miscenda sunt [6] : et quiesconti agendum,
et agenti quiescendum est. Cum rerum natura delibera [7] : illa dicet tibi se et diem fecisse et noctem.
Vale.

IV

VERE VIROS PHILOSOPHIA FIERI ET MORTIS METUM DEPELLI.

Persevera ut cœpisti et quantum potes propera, quo
diutius frui [8] emendato animo et composito [9] possis.

et de la mauvaise opinion qu'on a
des autres.

1. *Tumultu*, mouvement désor-
donné; expliqué par l'expression
qui suit : *exagitatæ mentis concursatio*, l'agitation tourmentée d'un
esprit qui a perdu son équilibre.

2. *Molestiam*, ennui, fatigue im-
portune.

3. *Dissolutio*, énervement, l'état
d'une âme qui a perdu tout ressort.

4. *Pomponium*. Quel est ce
Pomponius? on ne sait. Est-ce
Pomponius Atticus, l'intime ami
d'Hortensius et de Cicéron, esprit
très éclairé et très ami des lettres?

5. *In turbido esse quidquid in
luce est.* Lagrange traduit : « Il y a
des gens tellement accoutumés aux
ténèbres qu'ils voient trouble au
grand jour. » *Esse in turbido* emporte la double idée de la confusion
et de l'obscurité.

6. *Miscenda sunt*, doivent être
conciliées, prises ensemble.

7. *Cum rerum natura delibera*,
consulte la nature.

8. *Quo diutius frui*, la joie sera
d'autant plus longue que l'amendement aura moins tardé et aura été
obtenu plus tôt.

9. *Emendato et composito*, amen-

Frueris quidem etiam dum emendas, etiam dum componis[1]. Alia tamen illa voluptas[2] est, quæ percipitur ex contemplatione mentis ab omni labe puræ et splendidæ. Tenes utique memoria, quantum senseris gaudium, cum prætexta posita[3] sumpsisti virilem togam et in forum deductus[4] es : majus exspecta, cum puerilem animum deposueris[5], et te in viros philosophia transscripserit[6]. Adhuc enim non pueritia, sed quod est gravius, puerilitas[7] remanet. Et hoc quidem pejor est, quod auctoritatem habemus senum, vitia puerorum, nec puerorum tantum sed infantum : illi levia,

dé et fixé dans le calme, c'est le dernier point où doivent aboutir la réforme et l'amendement intérieur.

1. *Componis*, tu pacifies ton âme en la purgeant des passions qui l'agitent et la troublent, et dans ce travail même, *etiam dum*, il y a déjà un vrai plaisir.

2. *Alia tamen illa voluptas est*, mais c'est une bien autre joie.

3. *Cum prætexta posita.* Ce passage permet d'induire que Lucilius était beaucoup plus jeune que Sénèque, âgé de 59 ou de 60 ans alors qu'il écrivait ces Lettres.

4. *In forum deductus es*, tu fus conduit au forum. C'était l'usage, après la prise de la robe virile, comme pour marquer que celui qui la prenait était né à la vie active.

5. *Puerilem animum deposueris*, quand tu auras dépouillé ton âme d'enfant, c'est-à-dire pleine de préjugés, de désirs et de craintes désordonnées ou frivoles.

6. *In viros philosophia transcripserit*, et que la philosophie t'aura inscrit parmi les hommes, c'est-à-dire au nombre de ceux qui

sont hommes, non par l'âge, mais parce qu'ils représentent en eux la nature humaine dans la perfection la plus grande où elle puisse atteindre. — Ms. *p: transcripseris*; ms. P : *transcripseris*, un *t* est marqué au-dessus de l's.

7. *Pueritia... puerilitas.* Nous portons dans des corps d'hommes des âmes d'enfants. Voy. la même idée au chap. xii du *De const. sapientis :* « An quidquam isti profecerunt... qui a pueris magnitudine tantum formaque corporis differunt : cæterum non minus vagi incertique, voluptatum sine delectu appetentes, trepidi et non ingenio sed formidine quieti ? Non ideo quidquam, inter illos puerosque interesse quis dixerit, quod illis talorum nucumque et æris minuti avaritia est; his auri argentique et urbium; quod illi inter ipsos magistratus gerunt, et prætextam fascesque ac tribunal imitantur; hi eadem in campo foroque et in curia serio ludunt. Illi in littoribus arenæ congestu simulacra domuum excitant; hi ut magnum aliquid agen-

hi falsa formidant, nos utraque. *Profice modo* [1] *: intelliges quædam ideo minus timenda, quia multum metus afferunt.* Nullum magnum, quod extremum est [2]. Mors ad te [3] venit : timenda erat, si tecum esse posset [4]. Necesse est aut ne perveniat [5] aut transeat. « Difficile est, inquis, animum perducere ad contemptionem [6] animæ [7]. Non vides, quam ex frivolis causis contemnatur? Alius ante amicæ [8] fores laqueo pependit, alius se præcipitavit e tecto, ne dominum stomachantem diutius audiret, alius ne reduceretur e fuga [9], ferrum adegit in viscera : non putas virtutem hoc effecturam, quod efficit nimia formido? Nulli potest secura vita contingere, qui de producenda nimis cogitat, qui inter magna bona multos consules [10] numerat. *Hoc quotidie meditare, ut possis æquo animo vitam re-*

tes, in lapidibus ac parietibus et tectis moliendis occupati, ad tutelam corporum inventa, in periculum verterunt.

1. *Profice modo.* Trad. Nisard : Appliquez cela maintenant; c'est un contresens. — Avance seulement dans la sagesse, fais quelque progrès dans le chemin de la sagesse et le juste discernement des choses. — Ms. P : *intellegas.*

2. *Nullum magnum quod extremum est.* Quelques éditeurs ajoutent *malum* après *magnum.* Il est évidemment dans la pensée : « Nullum magnopere timendum, quod extremum timendum est, scilicet post quod timendum est nihil. »

3. *Mors ad te.* Ms. p : *mors a te* et superpr. *ad te.*

4. *Si tecum esse posset,* si elle pouvait être avec toi —: pensée un peu subtile. Ce n'est pas la mort, c'est la pensée de la mort qui est avec nous et trouble tant d'âmes.

5. *Aut ne perveniat.* Ms. P : « aut non perveniatur. »

6. *Contemptionem.* Ms. *p* : « perducere ad contemplationem animæ, » faute évidente de copiste, commise peut-être par trop d'esprit, comme il arrive.

7. *Animæ,* de la vie.

8. *Ante amicæ.* Ms. P : « ante amici foras. »

9. *Reduceretur e fuga,* il s'agit des esclaves fugitifs marqués au front et enfermés dans l'*ergastulum* quand ils étaient rattrapés.

10. *Multos consules,* pour *multos annos.* Les années se comptaient par les consulats partant du mois de janvier. Il s'agit donc ici non des consulats dont on a été revêtu, mais des consulats qu'on a vus. Ms. *p : numeret.*

linquere, quam multi sic complectuntur[1] et tenent, quo
modo qui aqua torrente[2] rapiuntur, spinas et aspera[3].
Plerique inter mortis metum et vitæ tormenta miseri
fluctuant : et vivere nolunt et mori nesciunt[4]. Fac
itaque tibi jucundam vitam, omnem pro illa sollicitu-
dinem deponendo. Nullum bonum adjuvat habentem[5],
nisi ad cujus amissionem præparatus est animus. Nullius autem rei facilior[6] amissio est, quam quæ deside-
rari amissa non potest. Ergo adversus omnia[7], quæ
incidere possunt etiam potentissimis, adhortare te
et indura. De Pompeii capite pupillus et spado[8] tulere
sententiam, de Crasso crudelis et insolens Parthus.
Caius Cæsar[9] jussit Lepidum Dextro tribuno præbere
cervicem, ipse Chæreæ præstitit : neminem eo fortuna
provexit, ut non tantum illi minaretur, quantum permiserat[10]. Noli huic[11] tranquillitati confidere : momento
mare evertitur[12]. Eodem die ubi luserunt navigia[13].

1. *Complectuntur*, s'accrochent.
2. *Aqua torrente.* Ms. *p :* « aqua torrentis. »
3. *Spinas et aspera*, les ronces et les aspérités des rochers.
4. *Vivere nolunt et mori nesciunt*, ne veulent pas vivre et ne savent pas mourir. Mss. P et p : « vivere nesciunt, mori nesciunt. » Même mot dans Épictète : θαυμαστοὶ ἄνθρωποι, μήτε ζῆν θέλοντες μήτε ἀποθνήσκειν.
5. *Nullum bonum adjuvat habentem*, aucun bien n'accommode celui qui le possède; forme grecque.
6. *Facilior.* Ms. P : « felicior amissio est ».
7. *Adversus omnia.* C'est la leçon du ms. P. Haase écrit : « adversus hæc ».

8. *Pupillus et spado*, un enfant en tutelle. Le roi d'Égypte, Ptolémée XII, et l'eunuque Pothinus, son ministre; le meurtre de Pompée eut lieu en 43. Ptolémée était roi de nom depuis 51 av. J.-C.
9. *Caius Cæsar*, l'empereur Caligula. Cet Æmilius Lepidus avait épousé Drusilla, sœur de Caligula. Il fut mis à mort comme impliqué dans une conspiration. Voy. Suétone, *Caius Caligula*, 24.
10. *Quantum permiserat*, autant qu'elle lui avait laissé le pouvoir d'en faire à d'autres.
11. *Huic*, la tranquillité dont tu jouis.
22. *Evertitur*, est bouleversée; forme également française.
13. *Ubi luserunt navigia*, dans la place même où ils se jouaient.

sorbentur. Cogita posse et latronem et hostem admovere jugulo tuo gladium. Ut potestas major absit [1], nemo non servus habet in te vitæ necisque arbitrium. Ita dico : quisquis vitam suam contempsit, tuæ dominus est. Recognosce exemplum eorum [2], qui domesticis insidiis perierunt, aut aperta vi aut dolo et intelliges non pauciores servorum ira cecidisse quam regum. Quid ad te itaque, quam potens sit quem times, cum id, propter quod times, nemo non possit [3]? At si forte in manus hostium incideris, victor te duci jubebit : eo nempe [4], quo duceris. Quid te ipse decipis [5] et hoc nunc primum, quod olim patiebaris, intelligis [6]? Ita dico: ex quo natus es, duceris. Hæc et ejusmodi versanda in animo sunt, si volumus ultimam illam horam placidi exspectare, cujus metus omnes alias inquietas facit.

'.e ms. p n'a pas *ubi* et porte *luxerunt*.

1. *Ut potestas major absit*, — et quand bien même tu n'aurais pas à craindre un plus fort que toi. La trad. Nisard : « Mais sans chercher d'autre puissance » n'est pas exacte. *Ut* ici signifie *encore que, quand bien même*, comme dans les vers de Juvénal :

Ut vigeant sensus animo, ducenda
tamen sunt
Funera natorum, etc.

(*Sat.* XV, 240.)

2. *Recognosce exemplum eorum*. Le ms. *p*, à la place de ces mots, porte : « exemplo sunt qui ».

3. *Nemo non possit*. Le ms. P : « nemo si servus »; il semble qu'il faille : etiam si servus.

4. *Eo nempe*, on te conduira. — C'est une formule : *Duci jussit*. Et

où donc? Sénèque répond : *certe quo duceris*, où la nature inévitablement te mène; plus loin : *ex quo natus es duceris*, depuis le jour où tu es né, tu es conduit à la mort. De même le poète :

« Quotidie morimur finisque ab origine pendet. »

Le ms. *p* supprime une ligne depuis *quid te ipse* jusqu'à *intelligis*.

5. *Quid te ipse decipis et hoc nunc primum* : pourquoi te trompes-tu toi-même et commences-tu seulement aujourd'hui à comprendre, *quod olim patiebaris* : ce que tu supportais depuis si longtemps, c'est-à-dire la mort qui chaque jour te saisit, non pas te menace, mais t'emporte. La phrase suivante explique cette expression: *quod olim patiebaris*.

6. *Et intelliges*. Le ms. *p* : « aut dolo; intellige ».

Sed ut finem epistolæ inponam, accipe quod hodierno die[1] mihi placuit. Et hoc quoque ex alienis
hortulis[2] sumptum est : *Magnæ divitiæ sunt lege
naturæ composita[3] paupertas.* Lex autem illa naturæ
scis quos nobis terminos statuat? Non esurire, non
sitire, non algere[4]. Ut famem sitimque depellas, non
est necesse superbis adsidere liminibus nec supercilium
grave et contumeliosam etiam humanitatem[5] perpeti,
non est necesse maria tentare nec sequi castra : parabile est, quod natura desiderat, et adpositum[6]. Ad
supervacua sudatur. Illa sunt, quæ togam conterunt[7],
quæ nos senescere sub tentorio cogunt, quæ in aliena
littora impingunt : ad manum est, quod sat est[8]. Vale.

---

1. *Hodierno die.* Ms. P n'a pas
die.

2. *Ex alienis hortulis*, pensée
cueillie dans un jardin qui n'est
pas le mien, le jardin d'Épicure.
Lettre II : *aliena castra*, note 13.
Sénèque ne se fait pas scrupule,
comme on sait, de butiner dans le
jardin d'Épicure.

3. *Ex lege naturæ composita*,
formée d'après la loi de la nature.

4. *Non esurire*, etc , être exempt
de la faim, de la soif et du froid.
C'est bien restreindre les besoins de
la nature que de les réduire de la
sorte. Lucrèce les étend davantage
quand il écrit :

Nonne videre
Nil aliud sibi naturam latrare, nisi
    ut, cum
Corpore sejunctus dolor absit, mente
    fruatur
Jucundo sensu cura semota metu-
    que.
              (II, 16 et suiv.)

5. *Contumeliosam etiam humanitatem*, une politesse, une bien-
veillance qui est même injurieuse
pour celui à qui on la témoigne.
Le mot *humanitas*, suivi de *etiam*,
s'explique par *grave supercilium*
qui précède. Le poids du mépris,
et l'outrage même de la politesse
et de l'apparente douceur. Ms. P :
« humanitatem pati ».

6. *Appositum*, placé devant nous,
à portée de la main, corrigé parfois à tort par *expositum*, est synonyme de *parabile, quod ad manum est.*

7. *Togam conterunt*, voilà pourquoi on use la toge au barreau et
dans les fonctions civiles. Plus
loin : *sub tentorio*, sous la tente,
dans les camps, sous le harnais
militaire. *Aliena littora* se rapporte aux marchands.

8. Après *sat est*, le ms. P porte :
« cui cum paupertate bene convenit dives est », qui se trouve plus
haut, lettre 2, page 46, fin.

V

MODUS QUIDAM HONESTÆ PHILOSOPHIÆ[1].

Quod pertinaciter studes et omnibus omissis hoc unum agis, ut te meliorem quotidie facias, et probo et gaudeo, nec tantum hortor, ut perseveres, sed etiam rogo. *Illud* autem *te admoneo, ne eorum more, qui non proficere*[2] *sed conspici cupiunt*[3], *facias aliqua, quæ in habitu tuo aut genere vitæ*[4] *notabilia sint.* Asperum cultum et intonsum caput et negligentiorem barbam et indictum argento odium et cubile humi positum, et quidquid aliud ambitionem[5] perversa via sequitur, evita. Satis ipsum nomen philosophiæ, etiamsi modeste tractetur[6], invidiosum est : quid si nos hominum consuetudini cœperimus excerpere[7]? Intus omnia

1. Nous empruntons le titre de cette lettre au ms. P.

2. *Proficere*, faire des progrès dans l'amendement moral. Comparez, lettre 4 : *profice modo*.

3. *Conspici cupiunt.* Sur cette manie d'ostentation et de singularité, voir dans les *Dissert.* d'Épictète, ch. viii, liv. IV. C'était un lieu commun, encore au temps de Lucien, de railler le manteau, la longue barbe et la chevelure épaisse e mal peignée des philosophes.

4. *Genere vitæ.* Il s'agit seulement de la vie extérieure : *habitu* se rapporte à la tenue, vêtement, cheveux, barbe, manteau. *Genere vitæ*, à la façon de vivre, c.-à-d. de manger, de boire, de se loger et de se comporter au dehors. Les mots qui suivent, *asperum cultum et*

intonsum caput, etc., expliquent *habitu* et *genus vitæ.*

5. *Ambitionem,* le désir d'être considéré, honoré, de se faire un nom ; *perversa via,* par un chemin qui aboutit à un but contraire. Ils cherchent la considération et n'attrapent que le ridicule. Je ne sais pourquoi Haase met la dernière syllabe d'*ambitionem* entre crochets, les deux mss. Γ et *p* portent bien *amuitionem.*

6. *Etiam si modeste tractetur,* encore qu'on le porte avec modestie, sans ostentation.

7. *Quid si nos hominum consuetudini... excerpere,* que sera-ce si nous nous mettons à rompre avec le train de la vie commune : il s'agit ici de la vie extérieure, clairement expliquée par le mot qui suit.

dissimilia sint, frons populo nostra conveniat [1]. Non splendeat toga, ne sordeat quidem. Non habeamus argentum, in quo [2] solidi auri [3] cælatura descenderit, sed non putemus frugalitatis indicium auro argentoque caruisse : id agamus, ut meliorem vitam sequamur quam vulgus, non ut contrariam : alioquin quos emendari volumus [4], fugamus a nobis et avertimus. Illud quoque efficimus [5], ut nihil imitari velint nostri, dum timent, ne imitanda sint omnia. Hoc primum philosophia promittit [6], sensum communem, humanitatem et congregationem [7]. A qua professione [8] dissimilitudo [9] nos separabit. Videamus, ne ista, per quæ admirationem parare volumus, ridicula et odiosa sint. Nempe propositum nostrum est secundum naturam vivere [10] : hoc contra naturam est, torquere corpus suum et faci-

1. *Conveniat...,* que l'extérieur ne soit pas différent. Pour le dehors soyons comme tout le monde. *Nostra* mis par Haase entre crochets est bien dans nos deux mss. P et *p*.

2. *In quo.* Haase écrit : *in quod.* Nos deux mss. P et *p* donnent *in quo* que nous rétablissons.

3. *Solidi auri,* or massif.

4. *Emendari volumus.* Le ms. *p* donne *emendare.*

5. *Illud quoque efficimus* dépend d'*alioquin.*

6. *Hoc primum promittit,* la philosophie fait tout d'abord profession. Le commencement de la philosophie, c'est de, etc.

7. *Sensum communem,* dans les choses extérieures, suivre les communs usages. *Humanitatem,* la politesse, les bonnes manières, la tenue de gens bien élevés et qui sont du monde. Aulu-Gelle, dans une page intéressante de ses *Nuits attiques* (lib. XIII, cap. XVI), explique que le mot *humanitas,* pour ceux qui ont créé la langue latine ou savent l'écrire, répond non au mot grec φιλανθρωπία, mais au mot παιδεία, et qu'il faut entendre par ce mot la bonne éducation et la fine culture. *Congregationem,* la facilité de la vie sociale, la sociabilité.

8. *Professione...,* c.-à-d. *ab eo quod primum promittit.* De ces premiers engagements.

9. *Dissimilitudo,* singularité, excentricité d'allures et de vie extérieure.

10. *Secundum naturam vivere.* C'est le premier précepte de la philosophie stoïcienne, comme on sait. Voy. *De Vit. beata,* c. III et IV. et la fin de la lettre 41.

les odisse munditias [1] e l squalorem appetere et cibis non tantum vilibus uti, s. l tetris [2] et horridis. Quemadmodum desiderare delicatas res luxuriæ est, ita usitatas et non magno parabiles fugere dementiæ. Frugalitatem exigit philosophia, non pœnam [3] : potest autem esse non ii compta [4] frugalitas. Hic mihi modus placet: temperetur vita inter bonos mores et publicos : suspiciant omnes vitam nostram, sed agnoscant [5]. « Quid ergo? Eadem faciemus, quæ ceteri? Nihil inter nos et illos intererit? » Plurimum. Dissimiles esse nos vulgo sciat, qui inspexerit propius. Qui domum intraverit, nos potius miretur quam supellectilem nostram. Magnus ille est, qui fictilibus sic utitur, quemadmodum argento. Nec ille minor est, qui sic argento utitur, quemadmodum fictilibus. Infirmi animi est pati non posse divitias.

Sed ut hujus quoque diei lucellum [6] tecum communicem, apud Hecatonem nostrum [7] inveni cupiditatum finem [8] etiam ad timoris remedia proficere. « Desines,

1. *Munditias*, opposé à *squalorem* et à *cultum asperum*. Une propreté simple et sans recherche. Le ms. P donne *viribas*, qui n'a pas de sens, pour *vilibus*, et dans les deux mss. le mot *tetris* est illisible.

2. *Tetris cibis*, mets repoussants et qui répugnent à l'odorat et au goût. *Ita usitatas et non magno parabiles*. Le ms. p donne : *tam usitatas et non magno paratas*.

3. *Pœnam*, la souffrance; — plus haut : *Torquere corpus suum*, mettre son corps à la gène.

4. *Non incompta*, la frugalité n'exclut pas une certaine élégance.

5. *Suspiciant*, qu'on l'admire. *Agnoscant*, explication des mots *inter publicos mores*, qui sont un peu plus haut : — qu'on s'y retrouve. « Venerentur ut bonam, agnoscant ut non aliam nec ultra citraque communem usum. » *Propius* : le ms. p, par faute de copiste, *proprius*.

6. *Lucellum*, diminutif de *lucrum*. Une aubaine, ce que j'ai glané aujourd'hui pour nous deux.

7. *Hecatonem nostrum*. Hécaton de Rhodes, stoïcien, disciple de Panétius.

8. *Finem cupiditatum*, la fin, l'extinction des désirs; expliqué par le mot *desines* qui suit. Haase avec le ms. P écrit *cupiditatium*. Je

inquit, *timere, si sperare desieris.* Dices : « quomodo
ista tam diversa[1] pariter sunt? » Ita est, mi Lucili : cum
videantur dissidere, conjuncta sunt quemadmodum
eadem catena et custodiam et militem[2] copulat, sic ista,
quæ tam dissimilia sunt, pariter incedunt[3] : spem metus
sequitur. Nec miror ista sic ire : utrumque pendentis
animi est, utrumque futuri exspectatione sollicitum[4].
Maxima autem utriusque causa est, quod non ad præsentia aptamur[5], sed cogitationes in longinqua præmit-
timus. Itaque providentia, maximum bonum conditionis
humanæ, in malum versa est. Feræ pericula, quæ
vident, fugiunt. Cum effugere, securæ sunt : nos et
futuro torquemur et præterito. Multa bona nostra nobis
nocent : timoris enim tormentum memoria reducit,
providentia anticipat. Nemo tantum præsentibus miser
est. Vale.

lis, quoique peu clairement, dans
ms. *p*, *cupiditatum*, que je rétablis.

1. *Tam diversa sunt pariter.*
Comment des choses si contraires
peuvent-elles être ensemble? De
même plus bas, *dissidere, conjuncta esse.*

2. *Custodiam et militem. Custodiam* est ici pour *qui est in custodia*, le prisonnier était lié par
une chaîne au soldat chargé de le
garder.

3. *Pariter incedunt,* marchent
ensemble. Voy., au commencement
du *Phédon*, la même pensée dans la
bouche de Socrate au sujet du plaisir et de la douleur.

4. *Sollicitum.* Plusieurs éditions portent *solliciti;* entre autres
le ms. P et le ms. *p*. Il vaut mieux
rapporter ce mot à *utrumque*, la
crainte et l'espérance. Sénèque
écrit de même ailleurs (*Epist.* 14):

*nemo autem sollicito bono frui-
tur*, et *De brev. vitæ*, 17 : *Maxima
quoque bona sollicita sunt.*

5. *Non ad præsentia aptamur.*
Ms. *p* : « ad præsentiam aptamur. »
Nous ne nous ajustons pas au présent, nous ne savons pas nous y
fixer; la fin de cette lettre explique
et développe cette idée. Pascal a
écrit de même, *Pensées*, art. III.
Édit. Havet : « Nous ne tenons jamais au temps présent : nous anticipons l'avenir comme trop lent à
venir, comme pour hâter son cours;
ou nous nous rappelons le passé
pour l'arrêter comme trop prompt;
si imprudents, que nous errons dans
les temps qui ne sont pas encore
et ne pensons point au seul qui
nous appartient, et si vains, que
nous songeons à ceux qui ne sont
plus rien et échappons sans réflexion
le seul qui subsiste, etc. »

VI

DE VERA AMICITI.

Intelligo, Lucili, non emendari me tantum, sed transfigurari[1]. Nec hoc promitto jam aut spero, nihil in me superesse, quod mutandum sit. Quidni multa habeam, quæ debeant corrigi, quæ extenuari, quæ attolli[2]? et hoc ipsum argumentum est in melius translati[3] animi, quod vitia sua, quæ adhuc ignorabat, videt[4]. Quibusdam ægris gratulatio fit[5], cum ipsi ægros se esse senserunt. *Cuperem itaque tecum communicare tam subitam mutationem[6] mei :* tunc amicitiæ nostræ certiorem

1. *Transfigurari*, néologisme au temps de Sénèque. On ne trouve pas ce mot au siècle d'Auguste. « In alium habitum et hominem verti », devenir un autre homme.

2. *Corrigi*, être redressé. — *Extenuari* se rapporte aux passions et à l'imagination. Dans sa lettre 108, Sénèque, parlant de sa jeunesse, dit qu'il se portait avec un grand élan à tout ce qui l'attirait. *Magno enim impetu in omnia veneram.* Il dut, et on le voit à chaque page de ses Lettres, qui sont ses derniers écrits, garder quelques restes de cette imagination toujours en mouvement et qui avait besoin d'être calmée. — *Attolli*, être relevé; l'humilité n'est guère une vertu romaine, et c'est une vertu morale un peu équivoque et qu'il peut être dangereux de pousser trop loin. Ce passage est un peu différent dans nos deux mss. *p* et P. Dans le premier : *quæ debeant colligi*, ce der-

nier mot est une faute de copiste évidente pour *corrigi*; dans le second, dont la leçon est très soutenable, après les mots *mutandum sit*, la phrase continue *cum multa habeam quæ debeant corrigi, quæ extenuari, quæ attolli.*

3. *In melius translati* explique *transfigurari.*

4. *Quod vitia sua... videt.* Avec plus de hauteur Pascal écrit : « La grandeur de l'homme est grande en ce qu'il se connaît misérable. » Le ms. P: *Vitia sua, quæ adhuc ignoravit, videt.*

5. *Quibusdam ægris gratulatio fit.* On félicite parfois les malades quand ils sentent leur mal, par exemple dans la démence, car c'est un signe de rétablissement prochain. Ici, après *quibusdam* et avant *ægris*, un folio du ms. *p* manque, et le folio suivant reprend à la lettre 9°.

6. *Subitam mutationem mei.* L'expression *conversion*, au sens

fiduciam habere cœpissem, illius veræ, quam non spes,
non timor, non utilitatis suæ cura[1] divellit, illius, cum
qua homines moriuntur, pro qua moriuntur[2]. Multos
tibi dabo, qui non amico[3], sed amicitia caruerunt. Hoc
non potest accidere, cum animos in societatem honesta
cupiendi par voluntas[4] trahit. Quidni non possit? Sciunt
enim ipsos omnia habere communia, et quidem magis
adversa[5]. Concipere animo non potes, quantum momenti[6] adferre mihi singulos dies videam. « Mitte[7], inquis, et nobis ista, quæ tam efficacia expertus es. »
Ego vero omnia ista in te cupio transfundere[8], et in hoc
aliquid gaudeo discere, ut doceam[9]. Nec me ulla res
delectabit, licet sit eximia et salutaris, quam mihi uni
sciturus sum. Si cum hac exceptione[10] detur sapientia,
ut illam inclusam teneam nec enuntiem, rejiciam. Nullius
boni sine socio jucunda possessio est[11]. Mittam itaque
ipsos tibi libros : et ne multum operæ impendas, dum

chrétien, rend assez bien cette expression. *Communicare tecum*,
t'associer au bonheur de cette conversion, te la faire partager.

1. *Non utilitatis suæ cura.*
C'est une flèche lancée dans le jardin d'Épicure.

2. *Cum qua moriuntur et pro
qua moriuntur*, expressions fortes
et touchantes.

3. *Non amico*, dans le sens banal mentionné au commencement
de la lettre 3; ms. P : *caruerint*.

4. *Honesta cupiendi par voluntas*, une égale inclination à désirer, à vouloir le bien. C'est la
vieille pensée : Il n'y a de vraie
amitié qu'entre les gens de bien.

5. *Et quidem magis adversa*,
et plus que tout le reste, l'adversité.

6. *Quantum momenti*, quel chan-
gement, quel progrès dans l'amendement!

7. *Mitte*, fais-moi part.

8. *Transfundere in te*, verser
et transfuser en toi : plus loin,
omnia ista. Il n'y a pas lieu de
mettre avec Haase *ista* entre crochets : le ms. P donne ce mot.

9. *Discere ut doceam*. De même
Caton, au 3ᵉ livre du *De finibus*, dit :
« Impellimur natura ut prodesse ve-
limus imprimisque docendo, ratio-
nibusque prudentiæ tradendis. Itaque non facile est invenire, qui
quod sciat ipse, non tradat alteri. »

10. *Hac exceptione*, à cette condition, avec cette restriction.

11. *Nullius boni... est.* Sénèque
affaiblit sa pensée en la délayant.

passim profutura sectaris, imponam notas[1], ut ad ipsa protinus, quæ probo et miror, accedas. Plus tamen tibi et viva vox et convictus quam oratio[2] proderit. In rem præsentem venias[3] oportet, primum, quia homines amplius oculis quam auribus credunt[4]. Deinde, quia longum iter per præcepta, breve et efficax per exempla. Zenonem Cleanthes non expressisset[5], si tantummodo audisset : vitæ ejus interfuit, secreta perspexit, observavit illum, an ex formula sua viveret[6]. Plato[7] et Aristoteles, et omnis in diversum itura sapientium turba plus ex moribus quam ex verbis Socratis traxit. Metrodorum[8] et Hermarchum[9] et Polyænum[10] magnos viros

1. *Imponam notas*, mettre des nnotations, des commentaires en marge, éloges, indications, %; 'i cations.

2. *Oratio*, opposé à *vox* et *convictus*, signifie la parole écrite.

3. *In rem præsentem venias*, il faut avoir devant soi la chose même, c'est-à-dire : il faut que tu viennes en personne.

4. *Amplius oculis quam auribus credunt.* Cf. Horace : « Segnius irritant animos demissa per aurem, Quam quæ sunt oculis subjecta fidelibus, et quæ Ipse sibi tradit spectator. »

5. *Non expressisset.* L'édition Nisard donne : « Cléanthe n'eût pas bien compris le sentiment de Zénon. » Le sens véritable est : Cléanthe n'eût pas reproduit l'image de Zénon, ne l'eût pas fait revivre. On sait que Cléanthe est le disciple immédiat de Zénon de Cittium, fondateur du Portique.

6. *An ex formula sua viveret :* s'il vivait selon ses maximes, selon la doctrine qu'il enseignait. Le ms. P porte : *in ex formula...*, et *ut*

au-dessus de *in; in* est une faute de copiste pour *an.*

7. *In diversum itura sapientium turba.* Il s'agit des disciples et des auditeurs de Socrate qui formèrent plus tard des écoles différentes et parfois opposées, comme, par exemple, Aristippe de Cyrène et Antisthène, chef de l'école cynique. Notons ici une erreur qui échappe à Sénèque : Aristote tient à Socrate par plus d'un point, mais il ne l'a pas connu par la bonne raison que Socrate est mort en 399 av. J.-C. et qu'Aristote est né en 384.

8. *Metrodorum.* Il y a deux Métrodore, disciples d'Épicure, l'un de Stratonice, qui passa à l'École de Carnéade, l'autre Athénien, qui resta fidèle à son maître et fut un ardent propagateur de sa doctrine Il s'agit évidemment de ce dernier.

9. *Hermarchum,* Hermarque, de Mitylène, un des fidèles d'Épicure et après lui le chef de l'École.

10. *Polyænum,* Polyénus de Lampsaque, disciple d'Épicure, quoique mort avant lui.

non schola Epicuri, sed contubernium fecit. Nec in hoc
te accerso tantum, ut proficias, sed ut prosis[1] : plurimum enim alter alteri conferemus.

Interim quoniam diurnam tibi mercedulam debeo,
quid me hodie apud Hecatonem delectaverit dicam.
Quæris, inquit, *quid profecerim? amicus esse mihi.*
Multum profecit[2] : numquam erit solus. Scito hunc
amicum omnibus esse. Vale.

VII

VITANDAM ESSE TURBAM, VITIA NEMPE AB EA TRAHI.

« Quid tibi vitandum præcipue existimem », quæris :
turbam[3] : nondum illi tuto committeris. Ego certe con-
fitebor imbecillitatem meam[4] : numquam mores, quos
extuli, refero. Aliquid ex eo, quod composui[5], turbatur.
Aliquid ex his, quæ fugavi, redit. Quod ægris evenit,
quos longa imbecillitas usque eo adfecit[6], ut nusquam

1. *Ut proficias sed ut prosis.*
C'est-à-dire : non ut tantum discas
ipse, sed et doceas. La trad. Nisard porte ici à tort selon moi :
« Je ne vous fais pas cette exhorta-
tion afin que vous profitiez pour
vous seul, mais afin que vous profitiez encore pour autrui. » Selon
moi, Sénèque dit : « Et je ne vous
prie pas de venir (*accerso*) seulement pour que vous profitiez, mais
pour que vous me rendiez aussi
service. » La phrase suivante ne
laisse aucun doute sur le sens ; en
effet il y est dit : « Nous contribue-
rons beaucoup l'un pour l'autre.

Nous nous rendrons mutuellement
service l'un à l'autre.»

2. *Multum profecit.* Il a beaucoup profité, gagné. Ms. P : *multum proficit.*

3. *Turbam,* la foule, trad. Lagrange; le monde; trad. Nisard :
les grandes compagnies.

4. *Imbecillitatem meam,* ma faiblesse à me défendre de la contagion.

5. *Composui, turbatur,* antithèse. Les passions que j'avais pa-
cifiées, se soulèvent, se réveillent.

6. *Usque eo adfecit;* ms. P :
« usque adfecit. »

sine offensa proferantur[1], hoc accidit nobis, quorum animi ex longo morbo reficiuntur. Inimica est multorum conversatio[2]. Nemo non aliquod nobis vitium aut commendat[3] aut inprimit aut nescientibus adlinit[4]. Utique quo major est populus, cui miscemur, hoc periculi plus est. *Nihil vero tam damnosum bonis moribus quam in aliquo spectaculo desidere*[5] *:* tunc enim per voluptatem facilius vitia subrepunt. Quid me existimas dicere? avarior redeo, ambitiosior, luxuriosior, immo vero crudelior et inhumanior, quia inter homines fui. Casu in meridianum[6] spectaculum incidi lusus exspectans et sales et aliquid laxamenti, quo hominum oculi ab humano cruore adquiescant : contra est[7]. Quidquid ante pugnatum est, misericordia fuit[8]. Nunc omissis nugis mera homicidia sunt. Nihil habent quo tegantur[9]. Ad

1. *Sine offensa proferantur,* qu'on ne peut les porter dehors sans risque, sans qu'ils en subissent quelque atteinte.

2. *Multorum conversatio,* le contact ou le commerce avec le grand nombre.

3. *Commendat,* autorise par l'exemple.

4. *Adlinit,* enduit par le seul frottement, comme une peinture fraîche où l'on se tache en la frôlant.

5. *Desidere* implique en même temps le fait de perdre son temps. Pline le Jeune, parlant aussi dans une de ses lettres des jeux du cirque, se sert également de ce mot : « Mitto apud vulgus, sed apud graves homines, quos ego cum recordor in re inani, frigida, assidua, tam insatiabiliter *desidere,* capio aliquam voluptatem quod hac voluptate non capior. » *Ep.* IX, 6.

6. *Spectaculum meridianum.* Il s'agit des jeux de l'amphithéâtre : le matin, c'étaient des chasses, des combats de bêtes. A midi ou l'après-midi, ceux qui avaient survécu aux jeux sanglants du *ludus matutinus* combattaient entre eux, ou bien l'on donnait le spectacle de l'exécution des criminels.

7. *Contra est.* Le ms. P porte après *acquiescant :* ars contraria est.

8. *Quidquid ante pugnatum est misericordia fuit.* Les combats précédents ont été œuvres de pitié en comparaison des autres. Voy. *Ep.* 95 : « Homo, sacra res homini, jam per lusum et jocum occiditur ; et quem erudiri ad inferenda accipiendaque vulnera nefas erat is jam nudus inermisque producitur, satisque spectaculi ex homine mors est. »

9. *Nihil habent quo tegantur.* Il n'y avait cependant pas de gladiateur, à quelque classe qu'il ap-

ictum totis corporibus expositi numquam frustra manum
mittunt. Hoc plerique ordinariis paribus[1] et postula-
ticiis[2] præferunt. Quidni præferant? non galea, non
scuto repellitur ferrum. Quo munimenta? quo artes[3]?
omnia ista mortis moræ[4] sunt. Mane leonibus et ursis
homines, meridie spectatoribus suis objiciuntur. Interfectores[5] interfecturis jubent objici et victorem in aliam
detinent cædem[6] : exitus pugnantium mors est. Ferro
et igne res geritur[7]. Hæc fiunt, dum vacat arena[8]. Sed
latrocinium fecit aliquis : quid ergo meruit? Ut suspen-
datur? Occidit hominem. Quia occidit ille, meruit
ut hoc pateretur : tu quid meruisti miser, ut hoc

partint, qui n'eût la tête garnie
d'un casque, et presque tous, les
seuls rétiaires exceptés, qui por-
taient d'une main un filet et de
l'autre un trident, avaient des boucliers. Voy. *Friedlœnder. Mœurs
romaines du règne d'Auguste*,
II, chap. III.

1. *Ordinariis paribus*, aux couples ordinaires, c'est-à-dire sans
nom et nourris pour cette hideuse
besogne dans les écoles de Capoue,
de Préneste ou d'ailleurs.

2. *Postulatitiis* (paribus); ce sont
des couples extraordinaires, non
désignés dans le programme des
jeux et réclamés à grands cris
par le peuple qui les connaissait
pour leur habileté ou leur bra-
voure.

3. *Quo munimenta*, à quoi bon
ces instruments de défense (cas-
ques et boucliers); *quo artes*, à quoi
bon la science de l'escrime?

4. *Moræ*, moyens de retarder.

5. *Interfectores*, ceux qui le matin ont tué les lions ou les ours;
à moins qu'il ne s'agisse ici des

meurtriers ordinaires, condamnés
à mort et exécutés dans l'amphithéâtre. Le ms. P. porte : *interfectores interfectis jubent obici.*

6. *Victorem detinent in aliam
cædem*, on garde, on réserve le
vainqueur pour un autre massacre.

7. *Ferro et igne res geritur;
ferro*, le glaive pour tuer, *igne*, le
feu; on poussait au combat à coups
de fouet ou à l'aide d'un fer rouge
les gladiateurs timides ou hésitants.
Sénèque peut faire ici allusion aux
exécutions publiques; *igne* voudrait
dire alors la *tæda molesta* ou le
bûcher dont parle Juvénal.

8. *Dum vacat arena*, pendant
que l'arène est libre, de même plus
bas : *intermissum spectaculum :*
après que l'arène était débarrassée
des décors et de la mise en scène
des chasses. On est porté à supposer que les combattants dont il est
parlé ici sont des criminels régu-
lièrement condamnés; ce qui suit
même l'indique : « Sed latrocinium
fecit aliquis. Occidit hominem. » On
lit ici dans le ms. P : *latrocinium*

spectes? Occide, verbera, ure[1]! quare tam timide in-
currit in ferrum? quare parum audacter occidit? quare
parum libenter[2] moritur? Plagis agitur in vulnera :
mutuos ictus nudis et obviis pectoribus excipiant. Intermissum est spectaculum : interim jugulentur homines, ne nihil agatur[3]. » Age, ne hoc quidem intelligitis,
mala exempla in eos redundare, qui faciunt[4]? Agite dis
immortalibus gratias, quod eum docetis esse crudelem,
qui non potest discere[5]. Subducendus populo est tener
animus et parum tenax recti : facile transitur ad plures[6].
Socrati et Catoni et Lælio[7] excutere morem suum[8]
dissimilis multitudo potuisset: adeo nemo nostrum[9],
qui cum maxime concinnamus ingenium[10], ferre impe-

fecit aliquis: quid ergo? Occidit
hominem, quia occidit ille me-
ruit ut hoc pateretur, tu quid
meruisti miser, ut hoc spectes?

1. *Occide, verbera, ure,* tue,
frappe (du fouet), brûle. V. plus
haut la note 7, page 64, et plus bas,
plagis agitur in vulnera.

2. *Parum libenter,* sans bonne
volonté, il fallait même mourir avec
grâce.

3. *Ne nihil agatur,* pour n'être
pas sans rien faire, pour passer le
temps.

4. *In eos redundare qui fa-*
ciunt. Vous qui tuez sans scrupule, ne craignez-vous pas de souffrir même sort de plus puissants
que vous?

5. *Eum docetis, qui non potest*
discere. Juste Lipse et d'autres
après lui ont écrit qu'il y a ici une
flatterie à l'adresse de Néron. On
le comprendrait si ces lettres avaient
été écrites à l'aurore du règne; mais
à la fin, cette explication n'est pas
facilement admissible. Comment,
après les meurtres de Britannicus,

d'Agrippine, de Burrhus et de tant
d'autres, Sénèque aurait-il pu dire
qu'on enseignerait à Néron la
cruauté, s'il pouvait l'apprendre? Il
n'avait plus de leçons à recevoir
en ce genre entre 60 et 65. Rendez
grâces aux dieux de ce que vous
enseignez la cruauté à un homme
qui ne peut l'apprendre, j'entends
parce qu'il ne saurait être plus
savant en cruauté. L'amphibologie
au moins est honorable pour Sénèque.

6. *Facile transitur ad plures.*
On passe aisément du côté du plus
grand nombre.

7. *Lælius,* ami du jeune Scipion
et le principal interlocuteur du
De Amicitia de Cicéron.

8. *Morem suum...,* c.-à-d. mores
animi habitum; le ms. P porte
mortem suam, qui n'a pas de sens.

9. *Adeo nemo nostrum.* Le
ms. P donne : *ideo nemo nostrum,*
qui est une bonne lecture.

10. *Qui cum maxime concin-*
namus ingenium, c'est-à-dire
nous qui ne sommes point des sa-

tum [1] vitiorum tam magno comitatu venientium potest.
Unum exemplum luxuriæ aut avaritiæ multum mali
facit : convictor delicatus paulatim enervat et emollit.
Vicinus dives cupiditatem irritat. Malignus comes
quamvis candido et simplici rubiginem suam adfricuit :
quid tu accidere his moribus [2] credis, in quos publice
factus est impetus ! Necesse est aut imiteris, aut oderis.
Utrumque autem devitandum est : neve similis malis
fias, quia multi sunt, neve inimicus multis, quia dissimiles sunt. Recede in te ipsum, quantum potes. Cum
his versare, qui te meliorem facturi sunt. Illos admitte,
quos tu potes facere meliores. Mutuo ista fiunt [3], et
homines, dum docent, discunt. Non est quod te gloria
publicandi [4] ingenii producat in medium, ut recitare
istis velis aut disputare [5], quod facere te vellem, si
haberes isti populo idoneam [6] mentem : nemo est,
qui intelligere te possit. Aliquis fortasse, unus aut
alter incidet, et hic ipse formandus tibi erit instituen-
dusque ad intellectum tui [7]. Cui ergo ista didici ? non

ges, qui sommes en ce moment
même à travailler pour former
notre âme.

1. *Ferre impetum*, soutenir le
choc, résister à l'entrainement général.

2. *His moribus*, c.-à-d. *moribus
eorum*, à ces caractères, à ces âmes.
C'est un argument *a fortiori*. Si
le contact et la contagion d'un
seul peut nuire à ce point, que
ne pourra pas l'entraînement de la
foule ?

3. *Mutuo ista fiunt*, à savoir
docere et discere.

4. *Publicandi ingenii*, d'étaler,
de produire au grand jour votre
esprit.

5. *Recitare aut disputare*, donner des leçons publiques et des
conférences de philosophie.

6. *Populo idoneam mentem*,
esprit à la mesure du vulgaire, capable de frayer avec lui et fait pour
lui plaire. Haase a adopté la leçon
du ms. P, qui porte : « si haberes
ista (faute d'écriture pour *isti*) populo idoneam mercem. » C'est aussi
la leçon de Fickert. J'aime mieux
mentem, autorisé par d'autres mss.
(voir Fickert, note de la page 24).
Mentem me parait exigé par tout ce
qui suit : *nemo est qui intelligere
te possit — intellectum tui.*

7. *Ad intellectum tui*, à te comprendre.

est quod timeas, ne operam perdideris, si tibi didicisti[1].

Sed ne soli mihi hodie didicerim, communicabo tecum, quæ occurrerunt mihi egregie dicta circa eumdem fere sensum tria : ex quibus unum hæc epistola in debitum solvet, duo in antecessum[2] accipe. Democritus ait : « *Unus mihi pro populo est, et populus pro uno.* » Bene et ille, quisquis fuit, ambigitur enim de auctore, cum quæreretur ab illo, quo tanta diligentia artis spectaret ad paucissimos perventuræ : « *Satis sunt,* inquit, *mihi pauci, satis est unus, satis est nullus.* » Egregie hoc tertium Epicurus, cum uni ex consortibus studiorum suorum scriberet : « *Hæc,* inquit, *ego non multis, sed tibi : satis enim magnum alter alteri theatrum sumus* ». Ista, mi Lucili, condenda in animum sunt, ut contemnas voluptatem ex plurium assensione[3] venientem. Multi te laudant. Et quid habes, cur placeas tibi[4] si is es, quem intelligant multi? introrsus bona tua spectent[5]. Vale.

1. *Si tibi didicisti.* Ceci paraît en contradiction avec un beau passage de la lettre précédente : « Si cum hac exceptione detur sapientia ut illam inclusam teneam, nec enuntiem, rejiciam, » et avec un autre passage d'une autre lettre : « Non eligit quemquam philosophi nec rejicit, omnibus lucet. » *Ep.* 44. Le ms. P donne : *tibi didicisti,* sans *si.*

2. *In antecessum,* par anticipation, par avance.

3. *Ex plurium assensione,* de l'approbation du plus grand nombre; plus brutalement encore, Sénèque a écrit dans le *De Vita beata: Argumentum pessimi turba.*

4. *Et quid habes, cur placeas tibi.* Il n'y a pas lieu d'être content de toi, pour être goûté de la foule, mot analogue souvent cité : un personnage applaudi par la foule se retourne vers son voisin : « N'aurais-je pas dit quelque sottise? » Cette dernière phrase est étrangement rendue dans la traduction de l'édit. Nisard : « Beaucoup de gens vous estiment. Eh bien! sans vous en savoir tant de gré et vous croire si accompli, faites servir tout cela à perfectionner de plus en plus votre intérieur. »

5. *Introrsus spectent,* que tes biens, tes qualités regardent vers le dedans, brillent au dedans, où les yeux de la foule ne vont pas.

VIII

CUI REI OPERAM IMPENDERE DEBEAT SAPIENS.

« Tu me, inquis, vitare turbam jubes, secedere, et conscientia esse contentum [1] ? ubi illa præcepta vestra [2], quæ imperant in actu mori [3] ? » Quod ego tibi videor interim suadere [4], *in hoc me recondidi et fores clausi, ut prodesse pluribus possem.* Nullus mihi per otium dies exit [6]. Partem noctium studiis vindico [7]. Non vaco somno, sed succumbo, et oculos vigilia fatigatos cadentesque in opere detineo. Secessi non tantum ab hominibus, sed a rebus, et imprimis a rebus meis : posterorum negotium ago [8]. Ilis aliqua [9], quæ possint prodesse conscribo. Salutares admonitiones, velut medicamentorum utilium compositionès [10], literis mando, esse illas

1. *Conscientia esse contentum,* se contenter du témoignage de sa conscience. A la fin de la Lettre VI, Sénèque écrit dans le même sens : *amicus esse mihi cœpi.*

2. *Vestra.* C'est à son ami Lucilius que Sénèque fait dire : « votre école », c'est-à-dire l'école stoïcienne.

3. *In actu mori. In actu,* dans l'action. De même dans le fragment qui forme la fin du *De vita beata,* on lit : « usque ad ultimum vitæ finem in actu erimus. » De même dans le *De otio sapientis :* « Natura ad utrumque [nos] genuit et contemplationi rerum et actioni. »

4. *Suadere.* L'édit. *variorum* donne *sedere,* qui est moins bon et s'entend mal avec *hoc. Suadere* est la leçon de Haase et de Fickert et du ms. P.

5. *In hoc me recondidi,* je me suis séquestré à cette fin que.... *Clusi* est la leçon du ms. P. Nous rétablissons *clausi,* qui est plus régulier ou plus ordinaire.

6. *Exit,* dans le sens d'*effluit,* ne s'écoule, ne se passe.

7. *Studiis vindico,* je revendique pour l'étude, je consacre à l'étude.

8. *Posterorum negotium ago,* je fais les affaires de la postérité, je travaille pour l'avenir.

9. *Aliqua* ne marque pas nécessairement quelque ouvrage qui ne serait pas venu jusqu'à nous : je mets par écrit des pensées qui puissent lui servir (*illis,* c'est-à-dire *posteris*). Les deux mots qui suivent expliquent *aliqua.*

10. *Medicamentorum compositiones,* des formules de remèdes.

efficaces in meis ulceribus expertus, quæ, etiamsi persanata[1] non sunt, serpere[2] desierunt. Rectum iter,
quod sero cognovi et lassus errando[3], aliis monstro.
Clamo : vitate quæcumque vulgo placent, quæ casus
attribuit[4]. Ad omne fortuitum bonum suspiciosi pavidique subsistite[5] : et fera et piscis spe aliqua oblectante
decipitur. Munera ista fortunæ putatis? insidiæ sunt.
Quisquis nostrum tutam agere vitam volet, quantum
plurimum potest, ista viscata beneficia[6] devitet, in
quibus hoc quoque miserrimi fallimur; habere nos
putamus, hæremus[7]. In præcipitia cursus[8] iste deducit.
Hujus eminentis vitæ exitus[9] cadere est. Deinde ne
resistere quidem licet, cum cœpit transversos agere[10]
felicitas. Aut saltem rectis, aut semel ruere[11] : Non

1. *Persanata*, absolument, par-
faitement guéris. Ms. P : *expertus,
quæ etiam non sunt, serpere.*

2. *Serpere*, s'étendre lentement,
gagner du terrain.

3. *Quod sero cognovi et lassus
errando.* Peut-être peut-on voir
ici une allusion de Sénèque à sa vie
passée dans d'aussi équivoques mi-
lieux. N'y a-t-il pas là comme un
trait de regret et même de repentir?

4. *Quæ casus attribuit*, ce que
le hasard assigne.

5. *Suspiciosi pavidique subsistite*, arrêtez-vous pleins de défiance
et de crainte.

6. *Viscata beneficia*, ces dons
enduits de glu, qui sont pour les
hommes ce qu'est l'appât pour les
bêtes qu'on attrape, c'est-à-dire des
pièges.

7. *Hæremus*, nous sommes at-
trapés, fixés à l'hameçon ou à la
glu.

8. *Cursus iste*, cette carrière.

9. *Hujus eminentis vitæ exitus*, l'aboutissant de cette vie do-
minante, de cette haute situation,
est la chute. Sénèque semble la de-
viner pour lui-même et prévoir le
précipice qui n'est pas loin.

10. *Transversos agere*, pousser
hors du droit chemin.

11. *Ruere.* Passage très diverse-
ment écrit : le ms. P donne : « aut
saltim rectis aut semel ruere »; la
première lettre de ce dernier mot a
subi un grattage et paraissait être
auparavant un *f*. Fickert a écrit :
« aut saltem rectis aut semel fruere, »
ce qui nous paraît vouloir dire : ou
jouis des choses honnêtes (*rectis*,
synonyme d'*honestis*, et *rebus* sous-
entendu), ou, si elles ne sont pas
telles, n'en use qu'une seule fois. La
leçon du ms. P, que nous mainte-
nons avec Haase, veut dire, ce nous
semble : ou marcher au port, *rectis
velis*, ou sombrer et couler vite.
Fickert énumère plusieurs autres

vertit fortuna[1], sed cernulat et allidit. Hanc ergo
sanam ac salubrem formam vitæ tenete, ut corpori
tantum indulgeatis[2], quantum bonæ valitudini satis
est. Durius tractandum est, ne animo male pareat :
cibus famem sedet, potio sitim exstinguat, vestis arceat
frigus, domus munimentum sit adversus infesta corporis[3]. Hanc utrum cæspes erexerit[4], an varius lapis
gentis alienæ, nihil interest : scitote tam bene hominem culmo quam auro tegi. Contemnite omnia, quæ
supervacuus labor velut ornamentum ac decus ponit.
Cogitate nihil præter animum esse mirabile, cui magno
nihil magnum est[5]. Si hæc mecum, si hæc cum
posteris loquor, non videor tibi plus prodesse, quam
cum ad vadimonium advocatus descenderem, aut ta-
bulis testamenti annulum imprimerem, aut in senatu
candidato vocem et manum commodarem[6]? Mihi crede,
qui nihil agere videntur, majora[7] agunt : humana
divinaque simul tractant.

variantes de ce passage embarrassé
et difficile. M. J. Baillart, en note
de sa traduction, écrit : Je propose : aut semel actis, aut temet
fruere, et traduit : ou jouis au
moins de tes actes, ou jouis de toi-
même. C'est une leçon de pure fantaisie et dont le sens n'est pas fort
clair.

1. Non vertit fortuna. Il faut
aussi sous-entendre ici : ceux qui
se comportent ainsi, hoc qui faciunt, que donnent quelques textes :
la fortune ne les renverse pas, elle
les courbe seulement et les froisse
en passant.

2. Indulgeatis tantum corpori,
n ayez pour le corps qu'autant de
complaisance, que la complaisance...

3. Infesta corporis, les choses
dommageables au corps, les injures
des saisons.

4. Hanc utrum cæspes erexerit,
si le gazon a élevé cette maison, si
elle est faite de gazon.

5. Cui magno nihil magnum
est, pour une grande âme, rien n'est
grand.

6. Vocem et manum commo-
darem, si je louais ma voix et ma
main à un candidat dans le sénat.
Le ms. P donne ici : vocem exi-
miam; ce dernier mot superposé
à ex magnam commodarem.

7. Majora a ici le sens de
maxima, de plus grandes choses
que toutes les autres et, par conséquent les plus grandes de toutes.

Sed jam finis faciendus est et aliquid, ut institui, pro hac epistola dependendum[1]. Id non de meo fiet[2] : adhuc Epicurum complicamus[3], cujus hanc vocem hodierno die legi : « *Philosophiæ servias oportet, ut tibi contingat vera libertas.* » Non differtur in diem[4], qui se illi subjecit et tradidit[5] : statim circumagitur[6]. Hoc enim ipsum philosophiæ servire libertas est. Potest fieri, ut me interroges, quare ab Epicuro tam multa bene dicta referam potius quam nostrorum[7] : quid est tamen, quare tu istas Epicuri voces putes esse, non publicas[8]? Quam multi poetæ dicunt, quæ a philosophis aut dicta sunt aut dicenda[9]! non attingam tragicos nec togatas[10] nostras. Habent enim hæ quoque aliquid severitatis[11] et sunt inter comœdias ac tragœdias mediæ. Quantum

1. *Dependendum.* Ms. P : «pro hac epistola deponendum. »

2. *Id non de meo fiet... id,* à savoir, *dependere,* payer : je ne payerai pas de ma bourse, de mon fonds.

3. *Complicamus,* nous plions Épicure : *complicare* est le contraire d'*evolvere*; ce dernier veut dire : dérouler, c'est-à-dire lire. *Complicare,* plier, enrouler, c'est-à-dire fermer; nous fermons Épicure, c'est-à-dire je finis de lire Épicure, je quitte Épicure. De même, *Epist.* XIX : « Jam incipiamus epistolam complicare, » il est temps de fermer cette lettre.

4. *Non differtur in diem,* cette liberté n'est pas remise, ajournée, comme pour certains affranchissements stipulés à une date ultérieure.

5. *Qui se illi subjecit et tradidit.* Le sens est fort clair : celui qui s'est soumis et livré à la philosophie, n'a pas à subir d'ajourne-

ment dans la jouissance de la liberté.

6. *Statim circumagitur,* on lui fait tout de suite faire son tour. Expression tirée d'un rite de l'affranchissement : on plaçait la main sur la tête de l'esclave qu'on affranchissait et on lui faisait faire un tour sur lui-même.— Horace écrit :

Una quiritem
Vertigo facit.

7. *Potius quam nostrorum,* plutôt que de citer nos stoïques.

8. *Epicuri... non publicas,* d'Épicure, et non du domaine public.

9. *Dicenda,* qui mérite d'être dit. — Haase écrit : *quæ philosophis aut dicta sunt;* avec le ms. P nous donnons *a philosophis,* qui est plus correct.

10. *Togatas,* nos pièces romaines.

11. *Aliquid severitatis,* quelque gravité, quelque sérieux. Le ms. P donne *hæc quoque; hæ* vaut mieux.

lisertissimorum versuum inter mimos[1] jacet! quam
multa Publii[2] non excalceatis, sed cothurnatis[3] dicenda
sunt! Unum versum ejus, qui ad philosophiam pertinet
et ad hanc partem, quæ modo fuit in manibus[4], referam, quo negat fortuita in nostro[5] habenda :

> Alienum est omne, quicquid optando[6] evenit.

Hunc versum a te dici non paulo melius[7], sed adstrictius
memini :

> Non est tuum, fortuna quod fecit tuum.

Illud etiam nunc melius dictum a te non præteribo :

> Dari bonum quod potuit, auferri potest.

Hoc non imputo in solutum[8] ; de tuo tibi. Vale.

IX

DE SAPIENTIS AMICITIA.

An merito reprehendat in quadam epistola *Epicurus
eos, qui dicunt sapientem se ipso esse contentum et
propter hoc amico non indigere*, desideras scire. Hoc

---

1. *Inter mimos*, dans les mimes, genre encore moins relevé.

2. *Publii*, Publius Syrus, auteur de mimes du temps de César. Haase avec le ms. P écrit : *Publilii* ; nous rétablissons *Publii* avec Fickert.

3. *Non excalceatis, sed cothurnatis*, dignes non du *soccus*, du brodequin, mais du cothurne.

4. *Quæ modo fuit in manibus*, était tout à l'heure entre mes mains.

5. *In nostro*, sous-ent. *fundo*, parmi ce que nous possédons.

6. *Optando venit*, qui est échu après qu'on l'a souhaité.

7. *Non paulo melius, sed*, il me semb'e que cela ne veut pas dire beaucoup mieux. Le *sed* alors ne s'entendrait pas, il marque une opposition ; j'entends, je n'ose dire un peu mieux, mais de façon plus serrée, plus concise.

8. *Hoc non imputo in solutum ; de tuo tibi* (je mets point et virgule après *solutum*) : je ne compte pas cela en payement, je t'envoie ce qui est pris de ton bien.

objicitur Stilponi[1] ab Epicuro et iis, quibus summum bonum visum est *animus impatiens*[2]. In ambiguitatem incidendum est, si exprimere *apathian* uno verbo cito[3] voluerimus et *impatientiam* dicere. Poterit enim contrarium ei, quod significare volumus, intelligi : nos eum volumus dicere, qui respuat omnis mali sensum. Accipietur is, qui nullum ferre possit malum[4]. Vide ergo, num satius sit aut *invulnerabilem animum*[5] dicere, aut *animum extra omnem patientiam*[6] positum. Hoc inter nos et illos[7] interest : noster sapiens vincit[8] quidem incommodum omne, sed sentit. Illorum[9] ne sentit quidem. Illud nobis et illis commune est : sapientem se ipso esse contentum[10]. Sed tamen et amicum[11] habere vult et vicinum et contubernalem, quamvis sibi ipse sufficiat. Vide quam sit se contentus : aliquando sui parte contentus est. Si illi manum aut morbus aut hostis exciderit[12], si quis oculum vel oculos casus ex-

---

1. *Stilponi*, stoïcien avant le stoïcisme, né à Mégare, adopta en partie la doctrine des Mégariques. Zénon, fondateur du Portique, fut un de ses disciples. Les mss. P et p et Haase après Fickert écrivent : Stilboni ; nous rétablissons l'orthographe usuelle : Stilponi.

2. *Animus impatiens*; en grec : ἀδιαφορία, ἀπάθεια. Sénèque comprend combien le mot *impatientia* est équivoque pour rendre l'expression grecque ἀπάθεια. Nos deux mss. écrivent *aphatiam*.

3. *Cito*. L'édition Gronovius écrit *scite :* avec une précision scrupuleuse Les deux mss. P et p donnent *cito*

4. *Qui nullum ferre possit malum*. Ms. p donne : *nullum referre possit*.

5. *Invulnerabilem animum* ne rend pas mieux l'idée d'impossibilité.

6. *Patientiam*. Ce mot est pris ici dans son sens étymologique ; il n'exprime pas la force d'âme ou la résignation, mais le fait de souffrir : en grec, τὸ πάσχειν ou ἡ πάθησις, la souffrance.

7. *Inter nos et illos*, c.-à-d. inter Stoicos et Megaricos philosophos.

8. *Vincit*, les stoïciens ne nient pas la sensation comme fait.

9. *Illorum*, leur sage, le sage des Mégariques.

10. *Seipso esse contentum*, se suffire à soi-même.

11. *Sed tamen et amicum*. Le ms. p n'a pas *et*.

12. *Exciderit*, couper, enlever

cusserit, reliquiæ illi suæ [1] satisfacient, et erit immi-
nuto corpore et amputato tam lætus, quam integro fuit [2].
Sed quæ sibi desunt, non desiderat [3] : non deesse
mavult. Ita sapiens se contentus est, non ut velit [4] esse
sine amico, sed ut possit. Et hoc, quod dico, *possit*,
tale est : amissum æquo animo fert. Sine amico quidem
numquam erit. In sua potestate habet, quam cito reparet [5]. Quomodo si perdiderit Phidias statuam, protinus
alteram faciet : sic hic faciendarum amicitiarum artifex
substituet alium in locum amissi. Quæris, quomodo
amicum cito facturus sit : dicam, si illud mihi tecum
convenerit, ut statim tibi solvam, quod debeo [6], et quantum ad hanc epistolam, paria faciamus [7]. Hecaton ait :
« *Ego tibi monstrabo amatorium* [8] *sine medicamento,
sine herba, sine ullius veneficæ carmine* [9] : *si vis amari,
ama* ». Habes autem non tantum usu amicitiæ veteris
et certæ magnam voluptatem, sed etiam initium et

---

1. *Reliquiæ suæ*, ce qui lui reste de son corps mutilé.
2. *Quam integro fuit.* Ms. p : *quam in integro.*
3. *Desiderat*, après lequel Haase ajoute *deess.* En premier lieu, ce mot *deesse* ne se trouve pas dans nos mss. En second lieu, il donne à la phrase ce sens : le sage ne désire pas manquer de ses membres; il ne souhaite la perte ni de ses mains, ni de ses yeux. Il nous paraît que ce n'est pas ce que Sénèque a voulu dire, mais ceci: ce qui lui manque, le sage ne le regrette pas; mais [s'il avait le choix] il préférerait n'en pas être privé. Je ne crois pas que la philosophie antique ait été jusqu'à ce point d'abnégation folle de désirer la douleur, la maladie, la perte des membres. C'est assez

pour les stoïciens de se résigner au malheur, sans le souhaiter en-core.
4. *Non ut velit*, non au point de vouloir.
5. *Quam cito reparet*, qu'il répare vite cette perte.
6. *Si illud mihi... quod debeo*, s'il est bien entendu entre nous deux que dès maintenant je te paye ce que je te dois.
7. *Paria faciamus*, que nous soyons au pair, c'est-à-dire que nous ne nous devions rien l'un à l'autre, et que nos comptes soient à jour, en équilibre.
8. *Amatorium*, en grec φίλτρον, secret pour se faire aimer.
9. *Sine ullius veneficæ carmine*, sans formule d'enchantement d'aucune magicienne.

comparationem novæ[1]. Quod interest inter metentem agricolam et serentem, hoc inter eum, qui amicum paravit et qui parat. Attalus[2] philosophus dicere solebat : « *Jucundius esse amicum facere quam habere. Quomodo artifici jucundius pingere est quam pinxisse.* » Illa in opere suo occupata sollicitudo ingens oblectamentum habet in ipsa occupatione. Non æque delectatur, qui ab opere perfecto removit manum. Jam fructu artis suæ fruitur : ipsa fruebatur arte, cum pingeret. Fructuosior est adolescentia[3] liberorum, sed infantia dulcior. Nunc ad propositum revertamur. Sapiens etiamsi contentus est se, tamen habere amicum vult, si ob nihil aliud, ut[4] exerceat amicitiam, ne tam magna virtus jaceat, non ad hoc, quod dicebat Epicurus[5] in hac ipsa epistola, « *ut habeat, qui sibi ægro adsideat, succurrat in vincula conjecto vel inopi,* » sed ut habeat,[6] aliquem, cui ipse ægro adsideat, quem ipse circumventum hostili custodia[7] liberet. Qui se speç-

---

1. *Comparationem novæ,* l'acquisition d'un nouvel ami. — On donne plusieurs leçons de ce passage. Voici celle de l'édition de Gronovius : « Habet autem non tantum amicitiæ usus veteris et certæ magnam voluptatem, sed etiam initium et comparatio novæ. » Fickert avec nos deux mss. P et *p* écrit : « Habes autem non tantum usu amicitiæ veteris et certæ magnam voluptatem, sed etiam initium et comparationem novæ. » Même leçon dans Haase, si ce n'est qu'il intercale *inter* entre *etiam* et *initium*. C'est la leçon de Fickert que nous suivons ici.

2. *Attalus,* philosophe stoïcien contemporain et maître de Sénèque.

3. *Fructuosior adolescentia est,* l'adolescence dans nos enfants est plus utile; le père peut tirer parti d'un fils adolescent, mais l'enfance a plus de charme : *dulcior.*

4. *Si ob nihil aliud ut,* quand ce ne serait que pour, à défaut de toute autre chose, pour. Nous ajoutons *ob* avec le ms. *p.*

5. *Epicurus.* Il écrivait que l'amitié a pour fondement les services qu'on attend d'un ami : εἶναι καὶ γίγνεσθαι τὴν φιλίαν διὰ τὰς χρείας.

6. *Non ad hoc... ut habeat... sed ut habeat.* Le ms. P n'a pas *succurrat in vincula conjecto vel inopi,* ni les mots qui suivent jusqu'à *quem ipse circumventum.*

7. *Circumventum hostili custodia,* prisonnier de guerre.

tat[1] et propter hoc ad amicitiam venit, male cogitat. Quemadmodum cœpit[2], sic desinet: paravit amicum adversum vincla laturum opem : cum primum crepuerit catena, discedet. Hæ sunt amicitiæ, quas *temporarias*[3] populus appellat : qui utilitatis causa assumptus est[4], tamdiu placebit, quamdiu utilis fuerit. Hac re[5] florentes amicorum turba circumsedet; circa eversos solitudo est, et inde amici fugiunt, ubi probantur[6]. Hac re ista tot nefaria[7] exempla sunt aliorum metu relinquentium, aliorum metu prodentium[8]. Necesse est initia inter se et exitus congruant[9] : qui amicus esse cœpit, quia expedit : placebit ei[10] aliquod pretium[11] contra amicitiam, si ullum in illa placet præter ipsam. In quid[12] amicum paro? ut habeam, pro quo mori possim; ut habeam, quem in exilium sequar[13], cujus me morti et opponam et impen-

---

1. *Qui se spectat,* celui qui pense à soi, l'égoïste.

2. *Cœpit, desinet* semblent avoir pour sujet *amicitia :* l'intérêt l'a commencée, l'intérêt la dissoudra. Plus loin *discedet (amicus).* Ms. p *desinat esse.*

3. *Temporarias,* d'un temps.

4 *Qui utilitatis causa assumptus est.* Ms. P : *qui utilitati assumptus est.*

5. *Hac re,* c'est pour cela. *Florentes,* les heureux, ceux qui sont en faveur; opposé à *eversos,* ceux qui sont par terre. Cf. Juvénal : Dum jacet in ripa, calcemus Cæsaris hostem. Les mss. P et p n'ont pas *ingens;* nous les suivons malgré Haase.

6. *Inde fugiunt ubi probantur,* les amis (de cette espèce) fuient de là où on les met à l'épreuve, c'est-à-dire où ils peuvent montrer ce que vaut leur amitié.

7. *Ista tot nefaria.* Le ms. p n'a pas *tot.*

8. *Metu relinquentium... metu prodentium.* Ms. p : *metu providentium.* Ms. P : *aliorum metum relinquentium, aliorum metu providentium.*

9. *Initia inter se et exitus congruant,* il faut que la fin réponde au commencement.

10. *Placebit ei.* Ms. p n'a pas *ei* non plus que le ms. P.

11. *Aliquod pretium,* quelque avantage, quelque profit.

12. *In quid,* dans quel but, à quelle fin, en quelle vue? Le ms. P porte *in quid amicum paras* et un *o* au-dessus de la dernière syllabe de *paras.*

13. *Ut habeam quem in exilium sequar.* Ms. P : *quem exilium sequar.* Q m est peut-être une faute pour *cujus aut;* il faut rétablir *in* avant *exilium.*

dam¹ : ista, quam tu describis, negotiatio² est, non amicitia, quæ ad commodum accedit, quæ quid consecutura sit³ spectat. Non dubie habet aliquid simile amicitiæ affectus amantium⁴. Possis dicere illam esse insanam amicitiam⁵ : numquid ergo quisquam amat lucri causa? numquid ambitionis aut gloriæ⁶? ipse per se amor omnium aliarum rerum negligens animos in cupiditatem formæ⁷ non sine spe mutuæ caritatis accendit. Quid ergo? ex honestiore causa coit turpis affectus⁸? « Non agitur, inquis, nunc de hoc, an amicitia propter se ipsam appetenda sit⁹. » Immo vero nihil magis probandum est. Nam si propter se ipsam expetenda est, potest ad illam accedere, qui se ipso contentus est. « Quomodo ergo ad illam accedit? » quo modo ¹⁰ ad rem pulcherrimam, non lucro captus nec varietate fortunæ ¹¹ perterritus : detrahit amicitiæ majestatem suam, qui illam parat ad bonos casus ¹². *Se contentus est sapiens.* Hoc, mi Lucili, plerique perperam inter-

1. *Me opponam... impendam,* je me mets en travers, je me sacrifie.

2. *Negotiatio,* troc, affaire d'intérêt, trafic.

3. *Quid consecutura sit,* ce qu'elle gagnera, ce qui lui en reviendra. Au lieu de *quid consecutura sit,* les deux mss. P et p portent : *quidquid consecutura sit.*

4. *Affectus amantium,* l'attachement d'amour.

5. *Insanam amicitiam,* une amitié folle, non réglée par la raison.

6. *Quisquam amat...,* y a-t-il quelqu'un qui aime pour de l'argent, des honneurs, de la gloire?

7. *Animos in cupiditatem formæ.* Ms. p : *amicos in cupiditatis formam.*

8. *Turpis affectus.* Expression bien dure pour désigner l'amour; il faut entendre : une affection moins pure aurait donc une cause plus honnête, c'est-à-dire plus désintéressée.

9. *An amicitia propter se ipsam appetenda sit.* Tout ce passage jusqu'à *nam si propter se ipsam* est fort brouillé et écourté dans nos deux mss. P et p.

10. *Quo modo...,* c'est-à-dire *eo, modo quo. Quomodo* ici n'est plus interrogatif.

11. *Varietate fortunæ,* inconstance, variabilité, vicissitudes de la fortune.

12. *Qui illam parat ad bonos casus,* qui se la procura pour en tirer parti, pour en faire une source d'événements profitables.

pretantur [1] : sapientem undique submovent et intra cutem suam cogunt [2]. Distinguendum autem est, quid et quatenus vox ista promittat [3]; se contentus est sapiens ad beate vivendum, non ad vivendum. Ad hoc enim multis illi rebus opus est, ad illum tantum animo sano et erecto [4] et despiciente fortunam. Volo tibi Chrysippi quoque distinctionem indicare. Ait *sapientem nulla re egere, et tamen multis illi rebus opus esse. Contra stulto [6] nulla re opus est, nulla enim re uti scit, sed omnibus eget.* Sapienti et manibus et oculis et multis ad quotidianum usum necessariis opus est, eget nulla re [7]. *Egere* enim necessitatis est [8], nihil necesse sapienti est. Ergo quamvis se ipso contentus sit, amicis illi opus est [9]. Ilos cupit habere quam plurimos, non ut beate vivat. Vivet enim etiam sine amicis beate. Summum bonum extrinsecus instrumenta [10] non quærit: domi colitur [11], ex se totum est. Incipit fortunæ esse subjectus [12], si quam partem sui foris quærit: «Qualis tamen futura est vita sapientis, si sine amicis relinquatur in custodiam conjectus, vel in aliqua gente aliena destitutus, vel in navigatione longa retentus, aut in

---

1. *Perperam interpretantur,* l'entendent de travers.

2. *Intra cutem suam cogunt,* l'enferment dans sa peau, le concentrent en lui seul, l'écartent de tout.

3. *Quid et quatenus vox ista promittat,* ce que ce mot fait entendre et jusqu'où il s'étend.

4. *Animo sano et erecto.* Mss. P et *p* : *animo sano et recto et dispiciente fortunam.*

5. *Ad hoc,* pour vivre; *ad illud,* pour vivre bien, c'est-à-dire : pour vivre bien et dans la félicité.

6. *Stulto,* c.-à-d. *insipiente,* le contraire du sage.

7. *Necessariis opus est, eget nulla re.* Ms. *p* = *necessariis eget, opus est nulla re.*

8. *Egere necessitatis est,* marque, implique besoin.

9. *Amicis illi opus est.* Ms. *p* : *amici illi opus sunt.*

10. *Instrumenta,* ressources, secours.

11. *Domi colitur,* on l'honore sans sortir de chez soi.

12. *Subjectus.* Nous adoptons la leçon de nos deux mss.: *subjectus;* c'est aussi la leçon de Fickert. Haase écrit *subjectum,* qui ne paraît pas très correct.

desertum littus ejectus? » qualis et Jovis[1], cum resoluto mundo[2] et dis in unum confusis[3], paulisper cessante natura[4]; acquiescit sibi[5] cogitationibus suis traditus[6]. Tale quiddam sapiens facit; in se reconditur, secum est[7]. Quamdiu quidem illi licet[8] suo arbitrio res suas ordinare[9], se contentus est. Et ducit uxorem se contentus, et liberos tollit se contentus. Et tamen non viveret, si foret[10] sine homine victurus. Ad amicitiam fert illum nulla utilitas sua, sed naturalis irritatio[11]; nam ut aliarum nobis rerum innata dulcedo est, sic amicitiæ et appetitio societatis. Quomodo solitudo in odium est, hominem homini natura conciliat, sic inest huic quoque rei[12] stimulus, qui nos amicitiarum appetentes faciat[13]. Nihilominus cum sit amicorum amantissimus,

1. *Qualis et Jovis.* Les deux mss. P et p portent *qualis est.* Il semble que, à défaut de *et*, il faudrait *qualis foret.* Nous mettons *et* avec Fickert et Haase.

2. *Resoluto mundo* (*in ignem*), après la dissolution du monde, l'universelle conflagration.

3. *Dis in unum confusis*, les dieux rentrés dans le primitif chaos; — d'où il suit que les dieux, ministres du Dieu suprême n'ont commencé d'être qu'avec le monde, dont ils sont les principes dirigeants.

4. *Paulisper cessante natura*, la marche de la nature étant suspendue un instant.

5. *Acquiescit sibi*, se renouvelle et se repose en soi, se complaisant en ses pensées.

6. *Cogitationibus suis traditus.* Le ms. P a *traditur.*

7. *Quamdiu quidem illi licet.* Le ms. p n'a pas *illi*, le ms. P a

illicet, évidemment pour *illi licet.*

8. *Res suas ordinare*, régler le train de sa vie.

9. *Et tamen non viveret si foret.* Ms. P : *et tamen non vivet si fuerit.*

10. *Naturalis irritatio*, un instinct, une impulsion naturelle.

11. *Huic .. rei*, c.-à-d. *amicitiæ*

12. *Nam ut aliarum appetentes faciat.* Le texte de Fickert et celui de Haase sont ici fort troubles, et ce dernier éditeur l'a senti en mettant çà et là des croix. Voici ce texte : Nam ut aliarum rerum innata dulcedo est, sic amicitiæ † et appetitio societatis †. Quomodo solitudo in odium est, †† quomodo hominem homini natura conciliat, sic inest huic quoque rei stimulus, qui nos amicitiarum appetentes faciat. Il nous semble qu'il y a ici une répétition de *quomodo* à effacer et trois mots à changer de place, moyennant quoi la phrase

cum illos sibi comparet, sæpe præferat[1] : omne intra
se bonum terminabit, dicet, quod Stilpon ille dixit,
Stilpon, quem Epicuri epistola insequitur[2]? Hic enim
capta patria, amissis liberis, amissa uxore, cum ex in-
cendio publico solus et tamen beatus exiret, interro-
ganti Demetrio, cui cognomen ab exitio urbium Polior-
cetes fuit, numquid perdidisset, *omnia*, inquit, *mea
mecum sunt*[3]. Ecce vir fortis ac strenuus! ipsam hostis
sui victoriam vicit. *Nihil*, inquit, *perdidi :* dubitare
illum coegit, an vicisset. *Omnia mea mecum sunt :*
id est justitia, virtus, prudentia[4], hoc ipsum[5] nihil
bonum putare, quod eripi possit. Miramur animalia
quædam, quæ per medios ignes sine noxa corporum
transeunt : quanto hic mirabilior vir, qui per ferrum
et ruinas et ignes illæsus et indemnis[6] evasit! vides,
quanto facilius sit totam gentem[7] quam unum virum
vincere? Hæc vox illi communis est cum Stoico[8]. Æque
et hic intacta bona per concrematas urbes fert. Se enim

devient très claire. Nous avons donné
le texte du ms. P en effaçant le second *quomodo*. — La phrase signifie, ce nous semble : Car de
même que nous portons en nous-
mêmes un goût inné pour d'autres
choses, nous avons une inclination
qui nous porte à l'amitié. De la
même manière que la solitude nous
est odieuse, et que l'instinct de la
société lie naturellement l'homme
à son semblable ; de même une impulsion naturelle est en nous, qui
nous fait désireux d'avoir des
amis.

1. *Cum illos sibi comparet*,
quoiqu'il les égale à lui-même, qu'il
estime qu'ils valent autant que lui ;
sæpe præferat, et souvent plus que
lui. Cf. l'εἴπερ αὐτός d'Aristote.

2. *Insequitur*. Voyez la première
phrase de cette lettre.

3. *Omnia inquit mea mecum
sunt.* Nous supprimons de l'édit.
de Haase *bona*, que le ms. P ne
donne pas.

4. *Justitia, virtus, prudentia.*
Nous supprimons *temperantia* mis
entre crochets par Haase après *virtus*, et que les mss. P et p ne donnent pas

5. *Hoc ipsum*, et ce principe,
ce ferme propos, à savoir : *nihil
bonum putare*, etc.

6. *Illæsus et indemnis*, sans
aucune blessure et sans aucun dom-
mage, *indemne*.

7. *Totam gentem*, toute une cité,
tout un peuple.

8. *Stoico*, le stoïcien en général.

ipso contentus est. Hoc felicitatem suam fine designat[1]. Ne existimes nos solos generosa verba[2] jactare : et ipse Stilponis objurgator Epicurus similem illi vocem emisit, quam tu boni consule[3], etiamsi hunc diem jam expunxi[4]. « Si cui, inquit, sua non videntur amplissima, licet totius mundi dominus sit, tamen miser est. » Vel si hoc modo tibi melius enuntiare videatur[5] — id enim agendum est ut non verbis serviamus, sed sensibus[6] — : Miser est, qui se non beatissimum judicat, licet imperet mundo. Ut scias autem hos sensus communes esse, natura scilicet dictante, apud poetam comicum invenies :

Non est beatus, esse se qui non putat.

Quid enim refert, qualis status tuus sit, si tibi videtur malus? « Quid ergo? inquis, si beatum se dixerit ille turpiter dives et ille multorum dominus sed plurium servus, beatus sua sententia fiet? » Non quid dicat, sed quid sentiat, refert. Nec quid uno die sentiat, sed quid assiduo[7]. Non est autem, quod verearis, ne ad indignum res tanta perveniat : nisi sapienti sua non placent. Omnis stultitia laborat fastidio sui[8]. Vale.

1. *Hoc fine designat*, c'est à cette mesure qu'il détermine.

2. *Generosa verba*, hautes et nobles paroles.

3. *Quam tu boni consule*, dont vous tiendrez bon compte.

4. *Etiam si hunc diem expunxi*, encore que j'aie payé ma dette du jour.

5. *Vel si hoc modo tibi melius enuntiare videatur*. Le ms. p écrit : *vel si oc mundo toti melius*. Ms. P : *enuntiare videtur*.

6. *Ut non verbis serviamus, sed sensibus*, pour nous attacher non aux paroles, mais aux pensées; non à la forme, mais au fond.

7. *Non quid uno die sed quid assidue*, ni ce qu'il pense un jour, mais tous les jours.

8. *Laborat fastidio sui*, porte en soi ce tourment : le dégoût de soi-même. Lucrèce a dit dans le même sens :

Unguenta parantur
Nequidquam, quoniam medio de fonte leporum
Surgit amari aliquid, quod in ipsis floribus angat.

X

DE SOLITUDINIS UTILITATE.

Sic est. Non muto sententiam[1] : *Fuge multitudinem, fuge paucitatem, fuge etiam unum.* Non habeo, cum quo te communicatum velim. Et vide, quod judicium meum habeas[2] : *Audeo te tibi credere.* Crates[3], ut aiunt, hujus ipsius Stilponis auditor, cujus mentionem priore epistola[4] feci, cum vidisset adolescentulum secreto ambulantem[5], interrogavit, *quid illic solus faceret? Mecum,* inquit, *loquor*[6]. Cui Crates : *cave,* inquit, *rogo, et diligenter attende, ne cum homine malo loquaris.* Lugentem timentemque[7] custodire[8] solemus, ne solitudine male utatur. Nemo est ex imprudentibus[9], qui relinqui sibi debeat : tunc mala consilia agitant[10]. Tunc aut aliis aut sibi futura pericula struunt[11].

1. *Non muto sententiam,* je ne m'en dédis pas.
2. *Quod judicium meum habeas.* L'édit. de Gronovius porte : « quo judicium meum abeat. » Le sens de notre texte, qui est celui de Haase et de Fickert, parait excellent : quelle (bonne) opinion j'ai de toi. Cela s'accorde à merveille avec ce qui suit; le ms. P donne : *vide quod judicium meum habeo.*
3. *Crates,* philosophe grec qui vécut dans le dernier tiers du quatrième siècle av. J.-C. On le donne aussi pour disciple de Diogène, de Sinope, philosophe cynique. Il servit d'intermédiaire entre Antisthène et Zénon de Cittium : c'est de son enseignement que le stoïcisme est issu.

4. *Priore epistola,* la lettre précédente. Haase écrit *priori.* Les mss. P et p : *priore.*
5. *Secreto ambulantem,* se promenant isolément, plus loin *solus.*
6. *Mecum loquor,* je m'entretiens avec moi.
7. *Lugentem timentemque,* l'homme en proie à l'affliction ou à la crainte.
8. *Custodire,* garder, veiller sur.
9. *Ex imprudentibus,* de ceux qui sont affolés par quelque violente passion; *imprudens* est pris dans son sens étymologique : *non prudens,* mentis non compos.
10. *Agitant...* sicut imprudentes, on roule, on ranime en soi de mauvais desseins.
11. *Futura pericula struunt,* on construit, on trame des projets

Tunc cupiditates improbas ordinant[1]. Tunc quicquid
aut metu aut pudore[2] celabat, animus exponit[3]. Tunc
audaciam acuit, libidinem irritat, iracundiam instigat.
Denique quod unum solitudo habet commodum, nihil
ulli committere, non timere indicem[4], perit stulto[5].
Ipse se prodit : vide itaque, quid de te sperem, immo
quid spondeam[6] mihi : spes enim incerti boni nomen
est : non invenio, cum quo te malim esse quam tecum.
Repeto memoria, quam magno animo quædam verba
projeceris, quanti roboris plena. Gratulatus sum protinus mihi et dixi : « Non a summis labris[7] ista venerunt, habent hæ voces fundamentum[8]. Iste homo non
est unus e populo, ad salutem spectat[9]. » Sic loquere,
sic vive : vide ne te ulla res deprimat[10]. Votorum tuo-
rum veterum licet diis gratiam facias[11], alia de integro
suscipe : roga bonam mentem, bonam valetudinem

dangereux.... Le ms. *p* donne *sibi*
au lieu d'*ipsis*.

1. *Ordinant*, on met en mouvement, en bataille.

2. *Pudore*, par respect humain.
Le ms. P porte : « quod celabat animus tunc exponit. »

3. *Exponit* fait antithèse avec
celabat : tout ce que l'âme cachait,
elle le met dehors, au jour.

4. *Non timere indicem*, de ne
pas craindre un délateur, ou de
n'avoir ni confidence à faire, ni dé-
nonciateur à redouter.

5. *Stulto*, dans le même sens où
nous avons vu plus haut *imprudentibus :* cet avantage est perdu
pour l'insensé.

6. *Quid spondeam*, plus fort
que promettre : ce dont je prends
l'engagement par-devers moi.

7. *A summis labris*, du bout des
lèvres.

8. *Habent fundamentum*, ont
leur fondement dans le cœur.

9. *Ad salutem spectat*, il s'inquiète de sa guérison (morale). Le
mot *salut* dans la langue chrétienne a presque le même sens, avec
cette différence pourtant que la
pensée de Sénèque implique non
l'idée des futures récompenses, mais
de l'état de l'âme qui les mérite.

10. *Deprimat*, ne te fasse déchoir
et ne t'abaisse.

11. *Gratiam facias diis*, re-
mets-t'en à Dieu, laisse à Dieu le
soin de les accomplir ou non; —
traduction de l'édition Nisard :
« Quand vous remercierez les dieux
du bon succès de vos prières, ne
craignez point de les fatiguer par
d'autres. » Ce n'est pas du tout ce
que dit Sénèque : « Pour vos vœux
d'autrefois, laissez les dieux faire
ce qu'ils voudront. »

animi, deinde tunc corporis'. Quidni tu ista vota sæpe facias? Audacter deum roga : nihil illum de alieno ³ rogaturus es.

Sed ut more meo cum aliquo munusculo epistolam mittam, verum est, quod apud Athenodorum ³ inveni : *Tunc scito esse te omnibus cupiditatibus solutum, cum eo perveneris, ut nihil deum roges, nisi quod rogare possis palam.* Nunc enim quanta dementia est hominum! Turpissima vota dis insusurrant⁴ : si quis admoverit aurem, conticescent. Et quod scire hominem nolunt, deo narrant. Vide ergo, ne hoc præcipi salubriter⁴ possit : « Sic vive cum hominibus, tamquam

---

1. *Roga bonam mentem, bonam valetudinem animi, deinde tunc corporis.* Cf. Juvénal, X, 356 :

Orandum est ut sit mens sana in
　　corpore sano.
Fortem posce animum mortis ter-
　　rore carentem,
Qui spatium vitæ extremum inter
　　munera ponat
Naturæ, qui ferre queat quoscumque
　　labores,
Nesciat irasci, cupiat nihil et po-
　　tiores
Herculis ærunmas credat sævosque
　　labores
Et Venere et cœnis et pluma Sardaнapali.

2. *De alieno* (bono), du bien d'autrui.

3. *Athenodorum.* Athénodore de Tarse, philosophe stoïcien qui vécut à la cour d'Auguste.

4. *Turpissima vota diis insusurrant*, ils murmurent des vœux honteux à l'oreille des dieux. Cf. Perse, II, 3-13 : ..

Non tu prece poscis emaci
Quæ nisi seductis nequeas commit-
　　tere divis :
At bona pars procerum tacita liba-
　　bit acerra.
Haud cuivis promptum est murmur-
　　que humilesque susurros
Tollere de templis et aperto vivere
　　voto.
Mens bona, fama, fides; hæc clare
　　et ut audiat hospes ;
Illa sibi introrsum et sub lingua
　　immurmurat : O si
Ebullit patrui præclarum funus
　　et : O si
Sub rastro crepet argenti mihi se-
　　ria dextro
Hercule! pupillumve utinam, quem
　　proximus hæres,
Impello, expungam! etc.

Cf. encore Plutarque, *De defectu Oraculorum*, § 7 : Ἐρωτήματα τῷ θεῷ προβάλλουσιν, οἱ μὲν ὡς σοφιστοῦ διάπειραν λαμβάνοντες, οἱ δὲ περὶ θησαυρῶν ἢ κληρονομιῶν ἢ γάμων παρανόμων διερωτῶντες.

5. *Salubriter*, utilement pour la santé morale.

deus videat : sic loquero cum deo, tamquam homines audiant. » Vale.

XI

QUID AD EMENDANDA VITIA SAPIENTIA VALEAT.

Locutus est mecum amicus tuus bonæ indolis, in quo quantum esset animi, quantum ingenii, quantum jam etiam profectus [1], sermo primus ostendit. Dedit nobis gustum, ad quem respondebit [2]. Non enim ex præparato [3] locutus est, sed subito deprehensus [4]. Ubi se colligebat [5], verecundiam [6], bonum in adolescente signum [7], vix potuit excutere : adeo illi ex alto [8] suffusus est rubor. Hic [9] illum, quantum suspicor, etiam cum se confirmaverit [10] et omnibus vitiis exuerit, sapientem quoque sequetur. *Nulla* enim *sapientia naturalia corporis aut animi vitia ponuntur* [11] : quidquid infixum et ingenitum est, lenitur arte, non vincitur.

1. *Quantum jam etiam profectus.* Combien même déjà de progrès dans la vertu, dans la sagesse.

2. *Gustum ad quem respondebit,* un avant-goût qu'il ne trompera pas.

3. *Non ex præparato,* sans s'être préparé d'avance, d'abondance et d'effusion de cœur.

4. *Subito deprehensus,* pris à l'improviste, au dépourvu.

5. *Ubi se colligebat.* Comme il se remettait, reprenait son assiette.

6. *Verecundiam,* pudeur timide, rougeur.

7. *Bonum in adolescente signum.* On connaît le mot de Diogène en présence d'un jeune homme qui rougissait : « Courage! mon fils, c'est la couleur de la vertu; » et ce mot cité de Ménandre : « J'estime honnête celui qui rougit, » et cette parole de Caton dans Plutarque : « Des jeunes gens, j'aime mieux ceux qui rougissent que ceux qui pâlissent. »

8. *Ex alto,* du fond du cœur.

9. *Hic,* cette pudeur, cette rougeur.

10. *Etiam cum se confirmaverit,* même quand il sera plus sûr de lui.

11. *Ponuntur sapientia,* ne sont pas enlevés, extirpés par la sagesse. La sagesse n'enlève pas, ne détruit pas....

Quibusdam etiam constantissimis [1] in conspectu populi sudor erumpit, non aliter quam fatigatis ⸼t æstuantibus [2] solet. Quibusdam tremunt genua dicturis [3], quorumdam dentes colliduntur, lingua titubat [4], labra concurrunt [5] : hæc nec disciplina nec usus [6] umquam excutit, sed natura vim suam exercet et illo vitio sui [7] etiam robustissimos admonet. Inter hæc [8] esse et ruborem scio, qui gravissimis quoque viris subitus affunditur. Magis quidem in juvenibus apparet, quibus et plus caloris est et tenera frons. Nihilominus et veteranos et senes tangit. Quidam numquam magis, quam cum erubuerint [9], timendi sunt, quasi omnem verecundiam effuderint [10]. Sulla tunc erat violentissimus, cum faciem ejus sanguis invaserat. Nihil erat mollius [11] ore Pompeii. Numquam non coram pluribus rubuit, utique in concionibus [12]. Fabianum [13], cum in senatum testis esset inductus, erubuisse memini, et hic illum mire pudor decuit. Non accidit hoc ab infirmitate mentis, sed a novitate rei, quæ inexercitatos, etiamsi non concutit, movet [14] naturali in hoc facilitate corporis

1. *Etiam constantissimis*, même pleins d'assurance.

2. *Æstuantibus*, échauffés par le mouvement ou le soleil.

3. *Dicturis*, quand ils vont prendre la parole.

4. *Lingua titubat*, m. à m., la langue chancelle, hésite, s'embarrasse.

5. *Concurrunt labra*, les lèvres se serrent.

6. *Disciplina*, l'apprentissage ; *usus :* l'habitude, l'expérience.

7. *Illo vitio sui*, de cette faiblesse qu'ils ont.

8 *Inter hæc*, suppléez *vitia*.

9. *Numquam magis timendi quam cum erubuerint*. On cite par exemple dans ce cas l'empereur Domitien.

10. *Quasi omnem verecundiam effuderint*, comme s'ils avaient jeté toute vergogne.

11. *Mollius.* Cf. plus haut, *frons tenera*.

12. *Utique in concionibus*, surtout quand il parlait en public.

13. *Fabianus* florissait sous Tibère, pendant la jeunesse de Sénèque.

14. *Etiamsi non concutit, movet*, qui sans vous désarçonner, émeut.

pronos[1]. Nam ut quidam * boni sanguinis[2] sunt, ita quidam incitati et mobilis et cito in os prodeuntis. Hæc[3], ut dixi, nulla sapientia abigit : alioquin haberet rerum naturam sub imperio, si omnia eraderet vitia. Quæcumque attribuit conditio nascendi et corporis temperatura[4], cum multum se diuque animus composuerit[5], hærebunt. Nihil horum vetari potest, non magis quam accersi[6]. Artifices scenici, qui imitantur affectus, qui metum[7] et trepidationem[8] exprimunt, qui tristitiam repræsentant, hoc indicio[9] imitantur verecundiam : dejiciunt enim[10] vultum, verba submittunt[11], figunt in terram oculos et deprimunt. Ruborem sibi exprimere[12] non possunt : nec prohibetur hic nec adducitur. Nihil adversus hæc sapientia promittit, nihil proficit : sui juris sunt[13], injussa veniunt[14], injussa discedunt.

Jam clausulam[15] epistola poscit. Accipe, et quidem

1. *In hoc pronos*, portés à cette disposition.
2. *Boni sanguinis.* Quelques éditions portent *lenti sanguinis*, d'un bon sang, plus ferme, et comme il est écrit plus bas : *non cito in os prodeuntis*, qui n'afflua pas si vite au visage.
3. *Hæc*, entendez : *facilitatem ruboris*, cette disposition à rougir
4. *Corporis temperatura*, constitution physique, tempérament.
5. *Se composuerit animus*, après que l'âme, par de longs et durs efforts, s'est façonnée elle-même.
6. *Nihil horum vetari potest non magis quam accersi.* Aucune de ces dispositions ne peut être ni empêchée, ni introduite en nous.
7. *Metum.* Le ms. P donne *motum*.
8. *Metum et trepidationem*, l'agitation de la crainte.
9. *Hoc indicio*, par ces traits (qui suivent).
10. *Enim*, que Haase met entre crochets, est dans les deux mss. P et *p*.
11. *Verba submittunt*, baissent le ton de la voix.
12. *Sibi exprimere*, faire sortir d'eux-mêmes, se faire venir.
13. *Sui juris sunt.* Ces dispositions sont maîtresses de soi, indépendantes de nous. Le ms. *p* n'a pas ces mots, à la place desquels on lit *subita sunt*.
14. *Veniunt.* Après ce mot Haase met *et* en ital.; il est dans le ms. P.
15. *Clausulam*, clausule; il s'agit ici du mot qui clôt la lettre et y met en quelque façon le sceau. L'éd.

utilem ac salutarem, quam te adfigere animo volo [1] :
*Aliquis vir bonus nobis eligendus est, ac semper
ante oculos habendus, ut sic tamquam illo spectante
vivamus, et omnia tamquam illo vidente faciamus.* Hoc, mi Lucili, Epicurus præcepit. Custodem
nobis et pædagogum [2] dedit, nec immerito [3] : magna
pars peccatorum tollitur, si peccaturis [4] testis adsistit.
Aliquem habeat animus, quem vereatur, cujus auctoritate etiam secretum suum sanctius faciat [5]. O felicem
illum, qui non præsens tantum, sed etiam cogitatus [6]
emendat! O felicem, qui sic aliquem vereri potest, ut
ad memoriam quoque ejus se componat [7] atque ordi-
net! Qui sic aliquem vereri potest, cito erit verendus.
Elige [8] itaque Catonem : si hic tibi videtur nimis rigi-
dus, elige remissioris animi [9] virum Lælium. Elige
eum, cujus tibi placuit et vita et oratio et ipse animum
ante se ferens vultus [10] : illum tibi semper ostende vel

Nisard traduit : « Il est temps de
mettre fin à cette lettre, mais je veux
qu'elle vous soit utile et salutaire. »
Ce n'est pas cela. — Cette lettre
demande son trait final.

1. *Quam te adfigere animo
volo.* Quam, suppléez *clausulam :*
je veux que ce trait final, tu le
gardes enfoncé dans ton âme. Le
ms. P donne *effigere*.

2. *Custodem et pædagogum,* un
maître et un gardien (imaginaire).

3. *Nec immerito,* et il a bien
raison (Épicure).

4. *Peccaturis,* mot au lieu duquel le ms. P donne *peccatori*.

5. *Cujus auctoritate etiam secretum suum sanctius faciat,* par
l'autorité duquel il fasse ses pensées secrètes même plus saintes,
il sanctifie sa vie intime.

6. *Non præsens tantum sed cogitatus,* un témoin non seulement
présent mais idéal.

7. *Ad memoriam quoque ejus
se componat,* règle et ajuste aussi
sa vie sur le souvenir qu'il en garde,
sur son image gardée dans sa pensée.

8. *Elige.* Le ms *p* donne *elegi*.

9. *Remissioris animi,* d'une
âme moins tendue, plus facile et
plus douce.

10. *Et ipse animum ante se ferens vultus,* et le visage même où
son âme se peint tout entière. Il y
a ici d'autres leçons. Nous en notons une qui n'est pas mauvaise :
« ipsius animo ante te ferens vultus ». C'est-à-dire te représentant
par la pensée son image devant toi,
comme s'il était présent. Le ms. p
donne *animum anteferens vultus.*

custodem vel exemplum. Opus est, inquam, aliquo, ad quem mores nostri se ipsi exigant[1] : nisi ad regulam prava non corriges[2]. Vale.

XII

INESSE SUA ET SENECTUTI COMMODA.

Quocumque me verti, argumenta senectutis meæ video. Veneram in suburbanum meum[3] et querebar de impensis ædificii dilabentis. Ait villicus mihi : non esse negligentiæ suæ vitium. Omnia se facere, sed villam veterem esse. Hæc villa inter manus meas crevit : quid mihi futurum est, si jam[4] putria sunt[5] ætatis meæ saxa? Iratus illi proximam stomachandi occasionem arripio. « Apparet[6], inquam, has platanos negligi : nullas habent frondes; quam nodosi sunt et retorridi[7] rami, quam tristes et squalidi trunci! hoc non accideret, si quis has circumfoderet, si irrigaret. » Jurat per genium[8] meum se omnia facere, in nulla re cessare curam suam, sed illas vetulas esse. Quod intra nos sit[9], ego illas posueram, ego illarum primum vide-

---

Le ms. P donne : *et ipse animum ante se ferens vultus.* C'est la leçon que nous suivons avec Haase, en rétablissant *se* que Haase met entre crochets.

1. *Ad quem mores nostri se ipsi exigant,* sur le type duquel nos mœurs, notre âme puissent se modeler d'elles-mêmes.

2. *Nisi ad regulam prava non corriges.* M. à m.: tu ne redresseras pas ce qui est courbe, si ce n'est à l'aide d'une règle.

3. *Suburbanum meum,* plus loin *villam* et *villa,* même sens : maison des champs.

4. *Jam.* Ms. *p, tam.*

5. *Saxa ætatis meæ putria sunt,* des pierres qui ont mon âge sont déjà effritées, gâtées, vermoulues.

6. *Apparet,* on voit bien.

7. *Retorridi,* racornis, rabougris, tordus.

8. *Genium.* Ms. P, *ienium.*

9. *Quod intra nos sit.* Soit dit entre nous, réserve ou coquetterie

ram folium. Conversus ad januam : « Quis est, inquam, isto decrepitus et merito[1] ad ostium admotus? Foras enim spectat[2]. Unde istunc nactus es[3]? Quid te delectavit alienum mortuum tollere[4]? » At ille : « Non cognoscis me[5]? inquit : ego sum Felicio, cui solebas sigillaria[6] afferre. Ego sum Philositi[7] villici filius, deliciolum tuum[8]. » « Perfecte[9], inquam, iste delirat. Pupulus[10] etiam delicium meum factus est? Prorsus potest fieri : dentes illi cum maxime cadunt[11]. »

Debeo hoc suburbano meo, quod mihi senectus mea, quocumque adverteram[12], apparuit : complectamur illam et amemus[13] : plena est voluptatis, si illa scias uti. Gratissima sunt poma, cum fugiunt[14]. Pueritiæ

qu'on ne comprend guère chez Sénèque en cette circonstance.

1. *Merito*, à bon droit. C'était l'usage chez les Romains de placer à la porte des maisons le corps des défunts.

2. *Foras enim spectat*, a par suite le même sens que : *jamjam enim est mortuusque et efferendus*. La traduction de l'édition Nisard porte : « Je le mettrai bientôt dehors. » C'est un contresens, cela veut dire en traduction libre : Il a la mine de ceux qu'on expose et qu'on va porter en terre.

3. *Unde istunc natus es*. Le ms. *p* porte ici *unde istic nactus est*.

4. *Quid te delectavit alienum mortuum tollere*, quel plaisir as-tu eu d'amener ici un mort qui n'est pas de la maison?

5. *Non cognoscis me?* C'est le pauvre vieux qui se récrie : Tu ne me remets pas ?

6. *Sigillaria*. Petites statuettes données en cadeau à la fête des Saturnales.

7. *Philositi*. Ms. P : *Philosoti*.

8. *Deliciolum tuum*, ton cher petit ami, ton mignon.

9. *Perfecte*, à ravir. D'autres éditions portent *profecto*, sans doute ; l'un comme l'autre d'ailleurs dépendant de *delirat*.

10. *Pupulus*, petit garçon. Les mss. P et *p* donnent *populus*, qui est une faute évidente.

11. *Dentes illi cum maxime cadunt*. Voilà justement que, voilà que précisément en ce moment, les dents lui tombent (comme aux enfants de six ou sept ans). *Cum maxime*, à l'heure présente.

12. *Quocumque adverteram*. Le premier mot de la lettre est *quocumque me verti*, partout où j'avais regardé. Les mss P et *p* portent *averteram*.

13. *Complectamur illam et amemus*, pour *complectamur illam amore* : attachons-nous à la vieillesse de tout notre cœur.

14. *Gratissima sunt poma, cum fugiunt*. Les fruits sont les plus

maximus in exitu decor est. Deditos vino potio extrema
delectat, illa, quæ mergit [1], quæ ebrietati summam
manum imponit. Quod in se jucundissimum omnis [2]
voluptas habet, in finem sui differt [3]. Jucundissima est
ætas devexa [4] jam, non tamen præceps. Et illam quoque in extrema regula stantem [5] judico habere suas
voluptates. Aut hoc ipsum succedit in locum volupta-
tium, nullis egere [6]. Quam dulce est cupiditates fatigasse ac reliquisse [7]! « Molestum est, inquis, mortem
ante oculos habere. » Primum ista tam seni ante oculos debet esse quam juveni. Non enim citamur ex
censu [8]. Deinde nemo tam senex est, ut improbe
unum diem speret [9]. Unus autem dies gradus vitæ est

goûtés, quand en passe la saison. Il
est clair que Sénèque ne veut pas
dire qu'ils sont alors les meilleurs
au goût. Les fruits passés sont
secs, moisis et cotonneux, comme
les fruits verts sont acides et sans
saveur. Mais il y a grand plaisir
(de vanité) à manger des fruits
quand on n'en mange pas encore,
ou qu'on n'en mange plus. *Cum
fugiunt* a ce dernier sens.

1. *Quæ mergit*, le dernier verre
qui noie le buveur, l'enfonce dans
l'ivresse et l'achève.

2. *Omnis.* Le ms. P donne *ho-
minis.*

3. *In finem sui differt*, le plaisir garde ce qu'il a de plus déli-
cieux pour le moment où il finit.

4. *Devexa jam*, déjà fléchissant
et penchant au déclin ; — *non præceps*, non en bas, à terre, arrivé à
la caducité.

5. *In extrema regula stantem.*
Notons la leçon des Mss. P et p :
in extrema tegula, debout sur la

tuile qui sert de bordure au toit et
après laquelle commence le vide.
Regula vaut mieux, le mot est
synonyme de *linea*. Allusion à la
ligne tracée dans le stade et mar-
quant le terme de la course.

6. *Aut hoc ipsum...nullis egere*,
cela même, de ne pas sentir que
les voluptés vous manquent.

7. *Fatigasse cupiditates ac reliquisse.* Métaphore tirée de la
course : d'avoir fatigué les passions
et de les avoir laissées derrière soi.

8. *Non enim citamur ex censu.*
Nous ne sommes pas appelés à tour
de rôle d'après l'âge. Sur les re-
gistres dressés par les censeurs
(*tabulæ censuales*), jeunes et vieux
étaient inscrits et appelés sans
doute selon l'ordre des âges.

9. *Ut improbe speret*, qu'il y
ait impertinence de sa part à espé-
rer. Caton dit de même dans le *De
Senectute* : « Nemo est tam senex
qui se annum non putet posse vivere. » Certaines leçons portent :

Tota[1] ætas partibus constat et orbes habet circumductos[2] majores minoribus : est aliquis, qui omnes
complectatur et cingat. Hic pertinet[3] a natali ad diem
extremum. Est alter, qui annos adolescentiæ excludit[4],
est qui totam pueritiam ambitu suo adstringit[5]. Est
deinde per se annus[6] in se omnia continens tempora,
quorum multiplicatione vita componitur. Mensis arctiore
præcingitur circulo. Angustissimum habet dies gyrum[7],
sed et hic[8] ab initio ad exitum venit, ab ortu ad occa-
sum. Ideo Heraclitus, cui cognomen[9] fecit orationis
obscuritas, *Unus dies*, inquit, *par omni est.* Hoc alius
aliter excepit[10] : dixit enim parem esse horis, nec men-
titur. Nam si dies est tempus viginti et quatuor hora-
rum, necesse est omnes inter se dies pares esse, quia
nox habet, quod dies perdidit[11]. Alius ait parem esse
unum diem omnibus similitudine : nihil enim habet
longissimi temporis spatium, quod non et in uno die

« ut non improbe ». La négation est inutile : le mot *improbe* l'implique. Le ms. P donne : *nemo tam senex ut improbe...*

1. *Tota.* Le ms. p donne : *una ætas.*

2. *Orbes habet circumductos,* a des cercles concentriques, les plus petits enfermés dans les plus grands.

3. *Hic pertinet,* le plus grand, celui qui contient tous les autres, s'étend...

4. *Excludit,* laisse en dehors ; on aimerait mieux *includit.*

5. *Ambitu suo adstringit,* qui enserre dans sa circonférence.

6. *Per se annus.* D'autres édit. *ipse annus,* l'année prise en soi, c'est-à-dire qui n'est pas plutôt une année de l'enfance qu'une année de la vieillesse.

7. *Gyrum,* circonférence comme *ambitum.*

8. *Sed et hic,* mais le jour aussi ou la circonférence qui le figure a un commencement et une fin.

9. *Cui cognomen fecit orationis obscuritas,* qui doit son surnom à l'obscurité de son style. Certaines éditions portent : *cui cognomen Scotinon.* Il est probable que ce mot est une glose mise en marge. On surnomme en effet Héraclite σκοτεινός, l'obscur.

10. *Excepit,* c.-à-d. *interpretatus est.* L'un a entendu ce mot d'une façon, l'autre d'une autre.

11. *Quia nox habet, quod dies perdidit,* et réciproquement la nuit gagne ce que le jour perd, pour ce qui est des 24 heures dont le jour se compose.

invenias, lucem et noctem et in [1] alternas [2] mundi vices :
plura facit ista, non *alia* [3], alias contractior, alias pro-
ductior. Itaque sic ordinandus est dies omnis, tamquam
cogat agmen [4] et consummet atque expleat vitam. Pacuvius [5], qui Syriam usu suam fecit, cum vino et illis
funebribus epulis sibi parentaverat [6], sic in cubicu-·
lum [7] ferebatur a cœna, ut inter plausus exoletorum
hoc ad symphoniam caneretur : βεβίωται! βεβίωται [8] !
Nullo non se die extulit [9]. Hoc, quod ille ex mala conscientia [10] faciebat, nos ex bona faciamus et in somnum
ituri læti hilaresque dicamus :

Vixi et, quem dederat cursum fortuna, peregi [11].

Crastinum si adjecerit deus, læti recipiamus [12]. Ille
beatissimus est et securus sui possessor, qui crastinum

1. *In* mis par Haase entre crochets est dans nos deux mss.

2. *Et in alternas mundi vices.*
Cert. édit. suppriment *in*, et dans
la vicissitude alternative du monde.

3. *Plura facit ista*, fait la lumière ou l'obscurité plus longue —
non alia, mais ne fait que de la
lumière et de l'obscurité et rien
autre, — selon que la nuit est plus
courte ou plus longue. Les mss. P et
p n'ont pas *alia* qui est nécessaire.

4. *Cogat agmen*, comme s'il devait fermer la marche, clore la série.

5. *Pacuvius.* On ne connaît pas
de propréteur de Syrie qui, au
temps de Sénèque ou avant lui, ait
porté le nom de Pacuvius, et qui,
par la longue durée de son gouvernement, ait fait de cette province
comme son bien propre (qui Syriam
usu suam fecit). Cela conviendrait
bien à Flaccus Pomponius qui, à

partir de la mort de Germanicus,
gouverna la Syrie treize ans de
suite. V. Tacite, *Ann.* VI, 42.

6. *Parentare sibi*, se faire rendre
de son vivant les derniers honneurs.
Ms. P : *parentaverit*, etc.

7. *In cubiculum.* Ms. *p* : *incu-
biculo.*

8. *Βεβίωται.* Il a vécu. Les deux
mss. P et p portent ce mot en
lettres latines, ainsi *Bebiolæ-Be-
biôlæ.*

9. *Nullo non se die extulit.* Il
ne se passa pas de jour qu'il ne se
fît porter au tombeau.

10. *Ex mala conscientia*, par
raffinement de dépravation.

11. *Vixi et quem dederat...* Sénèque cite encore ce vers de Vir-
gile, *Æneid.*, IV, 658, au ch. xix
du *De vita beata.*

12. *Recipiamus.* Ms. *p* : *præci-
piamus.*

sine sollicitudine exspectat. Quisquis dixit : *vixi*, quotidie ad lucrum [1] surgit.

Sed jam debeo epistolam includere. « Sic, inquis,
sine ullo ad me peculio veniet? » Noli timere : aliquid
secum fert. Quare aliquid dixi? Multum. Quid enim
hac voce præclarius, quam illi trado ad te perferendam? *Malum est in necessitate vivere : sed in necessitate vivere necessitas nulla est.* Quidni nulla sit?
Patent undique ad libertatem viæ multæ, breves, faciles. Agamus Deo gratias, quod nemo in vita teneri
potest : calcare ipsas necessitates licet. « Epicurus,
inquis, dixit. Quid tibi cum alieno [2]? » Quod verum
est, meum est [3]. Perseverabo Epicurum tibi ingerere [4],
ut isti, qui in verba jurant [5], nec quid dicatur æstimant [6], sed a quo, sciant, quæ optima sunt, esse communia. Vale.

---

1. *Ad lucrum surgit*, se lève
pour un jour de gagné. Horace dit
de même :

Grata superveniet quæ non spera-
bitur hora.

2. *Quid tibi cum alieno*, qu'as-
tu à faire de ce qui est à autrui?

3. *Quod verum est, meum est.*
Les docteurs chrétiens, citant les
philosophes grecs ou romains, di-
saient de même. Ainsi saint Justin
et Lactance écrivent de même en
parlant des plus belles pensées des
philosophes profanes.

4. *Tibi ingerere*, te faire avaler,
te servir de l'Épicure. Mss. *p* et P :
Epicurum tibi jungere.

5. *In verba jurant*, qui jurent
sur les mots et s'inquiètent, non de
ce qui a été dit, mais de celui qui
l'a dit, sachant bien que ce qui est
excellent est du domaine public. Ms.
P : *jurarant.*

6. *Nec æstimant.* Mss. P et *p :
necquid dicatur; p : æstiment.*

XIII

ADVERSUS FORTUITA AUT INCERTA FORTITER STANDUM ESSE. SPE METUM TEMPERANDUM ET QUÆCUMQUE INCIDERINT BONI CONSULENDUM, TANQUAM A DEO ET PRO NOBIS VENIANT

Multum tibi esse animi[1] scio. Nam etiam antequam instrueres[2] te præceptis salutaribus et dura vincentibus, satis adversus fortunam placebas tibi[3], et multo magis, postquam cum illa manum conseruisti viresque expertus es tuas, quæ numquam certam dare fiduciam sui[4] possunt, nisi cum multæ difficultates hinc et illinc apparuerunt, aliquando vero et propius accesserunt : sic verus ille animus et in alienum non venturus arbitrium probatur. Hæc ejus obrussa[5] est. Non potest athleta magnos spiritus[6] ad certamen afferre, qui numquam suggillatus[7] est : ille, qui sanguinem suum vidit, cujus dentes crepuere sub pugno, ille, qui supplantatus[8] adversarium toto tulit corpore nec projecit animum projectus, qui quotiens cecidit, contumacior

1. *Animi*, cœur, courage.
2. *Instrueres.* Le ms. *p* donne *strueres.*
3. *Placebas tibi*, tu te suffisais à toi-même, tu étais content et sûr de toi. Autres leçons : *placebat tibi*, *placebam mihi.*
4. *Fiduciam sui*, confiance que l'on a en soi, sentiment de sa force de résistance. Cf. le traité *De providentia*, passim.

5. *Obrussa*, creuset où l'on éprouve l'or par le feu. C'est la pierre de touche, c'est l'épreuve par le feu.
6. *Magnos spiritus*, grande résolution, fière ardeur.
7. *Suggillatus*, qui veut dire meurtri, marque qu'il s'agit ici du *pugil ;* ce qui suit l'indique mieux encore.
8. *Supplantatus* suivi de *est* dans le ms. P.

resurrexit, cum magna spe descendit ad pugnam. Ergo, ut similitudinem istam prosequar, sæpe jam fortuna supra te fuit [1], nec tamen tradidisti te [2], sed subsiluisti et acrior constitisti [3]. Multum enim adjicit sibi virtus lacessita [4] : tamen si tibi videtur, *accipe a me auxilia, quibus munire te possis.* Plura sunt, Lucili, quæ nos terrent, quam quæ premunt, et sæpius opinione quam re [5] laboramus. Non loquor tecum Stoica lingua, sed hac submissiore [6]. Nos enim dicimus omnia ista, quæ gemitus mugitusque exprimunt [7], levia esse et contemnenda : omittamus hæc magna verba, sed, di boni, vera [8]. Illud tibi præcipio, ne sis miser ante tempus, cum illa, quæ velut imminentia expavisti, fortasse numquam ventura sint, certe non venerint. *Quædam ergo nos magis torquent quam debent. Quædam ante torquent quam debent. Quædam torquent, cum omnino non debeant.* Aut augemus dolorem, aut fingimus aut præcipimus [9]. *Primum illud,* quia res in controversia est et litem contestatam habemus [10], *in præsentia differatur.* Quod ego leve dixero, tu gravissimum esse

1. *Supra te fuit,* répond à l'expression « adversarium toto tulit corpore ».

2. *Nec tamen tradidisti te,* et cependant tu ne t'es pas rendu.

3. *Acrior constitisti,* tu t'es remis debout plus intrépide.

4. *Lacessita.* Cf. *de Providentia,* chap. II.

5. *Opinione quam re,* plutôt par l'opinion, par l'imagination, par l'idée que nous nous faisons des choses que par les choses mêmes.

6. *Stoica lingua, sed hac submissiore.* Je ne prends pas avec toi le langage des stoïciens, mais un langage plus doux et plus facile.

7. *Exprimunt,* qui tirent, qui arrachent des gémissements.

8. *Omittamus,* laissons de côté *hæc magna, sed Dii boni, vera,* ces grandes paroles qui, grâce à Dieu, demeurent vraies.

9. *Præcipimus,* nous devançons, nous anticipons.

10. *Litem contestatam habemus.* Ce premier point, encore en question et objet de litige, est de savoir si les maux dont nous souffrons et dont nous nous plaignons sont en effet des maux véritables. Cf. sur ce point le *De Providentia* entier.

contendes : scio alios inter flagella ridere, alios gemere sub colapho. Postea videbimus, utrum ista suis viribus valeant an imbecillitate nostra.

Illud præsta mihi, ut, quotiens circumsteterint, qui tibi te miserum esse persuadeant, non quid audias, sed quid sentias cogites, et cum patientia tua delideres ac te ipso interroges, qui tua optime nosti : quid est, quare isti me complorent? quid est, quod trepident, quod contagium quoquo mei timeant, quasi transilire calamitas possit? Est aliquid istic mali, an res ista magis infamis est quam mala? Ipse te interroga : numquid sine causa crucior et mœreo et quod non est malum, facio? « Quomodo, inquis, intelligam, vana sint an vera, quibus angor? » Accipe hujus rei regulam : aut præsentibus torquemur aut futuris aut utrisque. De præsentibus facile judicium est : si corpus tuum liberum est, sanum est, nec ullus ex injuria dolor est : videbimus quid futurum sit[1]. Hodie nihil negotii habet. « At enim futurum est[2]. » Primum dispice, an certa argumenta sint venturi mali. Plerumque enim suspicionibus laboramus[3], et illudit nobis illa, quæ conficere bellum[4] solet, fama, multo autem magis singulos conficit. Ita est, mi Lucili : cito accedimus

1. *Videbimus quid futurum sit*, nous verrons plus tard ce qui arrivera, ce qui pourra survenir, c'est-à-dire : le présent est sauf, *hodie nihil negotii habet.*

2. *At enim futurum est*, s.-ent. *malum.* C'est une objection : Mais le mal va venir. Baillart traduit : mais demain arrivera. Il ne s'agit pas seulement du lendemain, mais du mal qu'il peut apporter : *venturi mali.*

3. *Plerumque suspicionibus laboramus*, cf. plus haut : *magis opinione quam re laboramus*; *suspicio* signifie la défiance ou l'idée fâcheuse qu'on se fait des personnes ou des choses. Je lis dans Arnobe, II, p. 89, éd. de Vienne : « Quid est suspicio nisi opinatio rerum incerta et nihil exposita jaculatio mentis in latentia. »

4. *Conficere*, perdre, ruiner. *Bellum* peut s'entendre pour *exercitu in bello.*

opinioni [1]. Non coarguimus illa, quæ nos in metum adducunt, nec excutimus, sed trepidamus et sic vertimus terga, quemadmodum illi, quos pulvis motus fuga pecorum [2] exuit castris, aut quos aliqua fabula sine auctore sparsa [3] conterruit. Nescio quomodo magis vana perturbant. Vera enim [4] modum suum habent. Quicquid ex incerto venit, conjecturæ et paventis animi licentiæ traditur. Nulli itaque tam perniciosi, tam irrevocabiles [5] quam lymphatici metus [6] sunt. Ceteri enim sine ratione, hi sine mente [7] sunt. Inquiramus itaque in rem diligenter. Verisimile est aliquid futurum mali : non statim [8] verum est. Quam multa non exspectata venerunt! quam multa exspectata numquam [9] comparuerunt! Etiamsi futurum est, quid juvat dolori suo occurrere [10]? Satis cito dolebis [11], cum venerit : interim tibi meliora promitte. Quid facies lucri? tempus :

1. *Cito accedimus opinioni,* nous nous rendons tout de suite à l'opinion.

2. *Pulvis motus fuga pecorum exuit castris,* la poussière soulevée par un troupeau en mouvement chasse de leur camp, fait abandonner leur camp.

3. *Fabula sine auctore sparsa,* fausse nouvelle anonyme qui court.

4. *Nescio quomodo... perturbant, vera enim.* Il semble qu'il y ait ici quelque désordre. *Magis quam vera.* Le mot *nescio* parait contredit par *vera enim* qui commence une explication. On peut par la pensée suppléer *nisi quod.* On entendrait bien mieux la pensée si la phrase commençait ainsi : *Nec mirum est quomodo* ou *quare.* Il n'y a pas lieu de s'étonner que le faux nous trouble plus que le vrai. Le vrai est déterminé et a sa me-

sure ; à l'incertain notre esprit par la conjecture et la crainte prend licence d'ajouter ce qu'il veut.

5. *Tam irrevocabiles,* si difficiles à calmer.

6. *Lymphatici metus,* terreurs paniques. Ms. P : *lymphaticis metus sunt.*

7. *Sine ratione, hi sine mente,* les autres craintes sont dénuées de raison, viennent d'âmes qui sont dénuées de raison. Celles-ci (les paniques), d'âmes qui ont perdu la possession d'elles-mêmes, l'intelligence même.

8. *Statim.* Ce ne sera pas sur-le-champ, immédiatement, comme par une nécessité logique.

9. Ms. *p : nusquam.*

10. *Dolori suo occurrere,* anticiper sa douleur, aller au-devant de la douleur.

11. Mss. P et *p : dolebit*

multa intervenient, quibus vicinum periculum et[1] prope
admotum aut subsistat, aut desinat, aut in alienum caput
transeat : incendium ad fugam patuit[2] quosdam mol-
liter ruina[3] deposuit. Aliquando gladius ab ipsa cervice
revocatus est. Aliquis carnifici suo superstes fuit. Habet
etiam[4] mala fortuna levitatem. Fortasse erit, fortasse
non erit : interim non est. Meliora propone. Nonnum-
quam nullis apparentibus signis, quæ mali aliquid
prænuntient[5], animus sibi falsas imagines fingit : aut
verbum aliquod dubiæ significationis detorquet in pejus
aut majorem sibi offensam proponit alicujus quam est,
et cogitat non quam iratus ille sit, sed quantum liceat
irato. Nulla autem causa vitæ est[6], nullus miseriarum
modus, si timeatur quantum potest[7] : hic prudentia
prosit, hic robore animi evidentem quoque metum
respue[8] : si minus, vitio vitium repelle : spe metum
tempera. Nihil tam certum est ex his, quæ timentur, ut
non certius sit et formidata subsidere[9] et sperata
decipere. Ergo spem ac metum examina[10], et quotiens
incerta erunt omnia, tibi fave[11] : crede quod mavis. Si

1. *Vicinum periculum et.* Ms. P : *vicinum... et.* Ces deux mots appartiennent bien au texte.
2. *Incendium ad fugam paiuit,* un incendie a donné ouverture pour la fuite d'un prisonnier.
3. *Ruina,* un effondrement, un éboulement.
4. *Etiam,* elle aussi; comme la bonne fortune, la mauvaise est mobile et inconstante.
5. *Prænuntient.* C'est la leçon de nos deux mss. P et *p.* Elle vaut mieux que *pronuncient* de Haase.
6. *Nulla causa vitæ est,* il n'y a plus de raison de vivre, la vie est pas tenable.
7. *Quantum potest.* Sous-entendu *timeri,* tout ce qui peut être craint, tout ce qui peut arriver de fâcheux.
8. *Evidentem metum,* crainte bien fondée, légitime. Le ms. *p* donne *robor animi... respue.*
9. *Formidata subsidere.* Ce que l'on craint s'évanouit. Le ms. *p* donne : *sperata decidere;* ms. P : *decipere.*
10. *Examina.* Pèse, mets en balance.
11. *Tibi fave,* penche en ta faveur. Le ms. P n'a pas ces deux mots. Mais, après *omnia : facile crede quod mavis.*

plures habes sententias metus, nihilominus in hanc
partem potius inclina et perturbare te desine, ac subinde hoc in animo volve, majorem partem mortalium,
cum illi nec sit quidquam mali nec pro certo futurum
sit, æstuare[1] ac discurrere. Nemo enim resistit sibi,
cum cœpit impelli, nec timorem suum redigit ad
verum[2]. Nemo dicit : « Vanus auctor est; hæc[3] aut
finxit aut credidit. » Damus nos referendos[4], expaves-
cimus dubia pro certis. Non servamus modum rerum.
Statim in timorem venit scrupulus[5]. Pudet me ibi sic
tecum loqui et tam lenibus te remediis focillare. Alius
dicat[6] : Fortasse non veniet. Tu dic : Quid porro, si
veniet[7] ? videbimus uter vincat. Fortasse pro me[8]
venit. Et mors ipsa vitam honestabit : cicuta magnum
Socratem confecit[9]. Catoni gladium assertorem liber-
tatis[10] extorque : magnam partem detraxeris gloriæ.
Nimium diu te cohortor, cum tibi admonitione magis
quam exhortatione opus sit. Non in diversum[11] te a
natura tua ducimus : natus es ad ista, quæ dicimus. Eo
magis[12] bonum tuum auge et exorna.

---

1. *Æstuare*, mot à mot : suer,
se tourmenter, brûler d'inquiétude.

2. *Redigit ad verum*, réduit à sa
juste valeur.

4. Le ms. *p* répète *vanus hæc.*

3. *Referendos.* Haase écrit *rei
ferendos*, d'autres écrivent *refe-
rentibus.* 1ʳᵉ leçon : nous nous
livrons pour qu'on rende arrêt sur
nous; 2ᵉ leçon : nous nous livrons
comme une proie, à la chose, c'est-
à-dire à ce qu'on raconte; 3ᵉ leçon :
nous nous livrons pieds et poings
liés à tous les faiseurs de rapports,
à tous les inventeurs de nouvelles
ou de fables. Nos deux mss. portent :
damus nos referendos.

5. *Scrupulus*, le moindre doute
ou souci tourne en peur.

6 *Alius dicat.* qu'un autre dise,
laissons les autres dire.

7. *Quid porro*, eh bien, qu'en
sera-t-il *si veniet*, si cela arrivait.

8. *Pro me*, pour mon bien.

9. *Magnum Socratem confecit*,
mit le sceau à la grandeur de Socrate. *Confecit* est la leçon des
mss. P et p.

10. *Gladium assertorem liber-
tatis*, le glaive qui assure sa liberté.

11. *In diversum*, dans un sens
opposé.

12. *Eo magis*, raison de plus
pour...

Sed jam finem epistolæ faciam, si illi signum suum[1] impressero, id est aliquam magnificam vocem perferendam ad te mandavero. « *Inter cetera mala hoc quoque habet stultitia : semper incipit vivere.* » Considera quid vox ista significet, Lucili, virorum optime, et intelliges, quam fœda sit hominum levitas quotidie nova vitæ fundamenta ponentium, novas spes etiam in exitu[2] inchoantium. Circumspice tecum singulos : occurrent tibi senes, qui se cum maxime ad ambitionem, ad peregrinationes, ad negotiandum parent. Quid est autem turpius[3] quam senex vivere incipiens? Non adjicerem auctorem huic[4] voci, nisi esset secretior[5], nec inter vulgata Epicuri dicta, quæ mihi et laudare et adoptare permisi. Vale.

XIV

QUOMODO ET QUOUSQUE CORPORIS CURA HABENDA SIT[6].

Fateor insitam esse nobis corporis nostri caritatem[7]. Fateor nos hujus gerere tutelam. Non nego indulgen-

---

1. *Signum suum*, son sceau ; plus haut, *clausula*. Voyez lettre XI.

2. *Etiam in exitu*, même quand la vie est à son terme.

3. *Quid est autem turpius*, leçon du ms. *p*. Nous ajoutons *autem*, que Haase n'a pas.

4. *Huic* appartient au texte ; il n'y a pas lieu de le mettre entre crochets avec Haase.

5. *Secretior*, suppléez *vox*, parole peu connue, mot expliqué par les mots qui suivent.

6. Dans le manuscrit *p*, à la suite de l'adresse qui est à la tête de chaque Lettre en lettres onciales SENECA LVCILIO SUO SALUTEM, on trouve en écriture plus fine que le texte, mais de la même main, de la même encre et du même temps, ces mots : *De natura corporis*, et après ce mot le monogramme Constantinien

7. *Fateor insitam esse caritatem*. Ms. *p* porte : *Fatebor*. On connaît le mot de Chrysale dans les *Femmes savantes* :

Guenille, si l'on veut, ma guenille m'est chère.

dum [1] illi : serviendum nego. Multis enim serviet, qui corpori servit [2], qui pro illo nimium timet, qui ad illud omnia refert. Sic gerere nos debemus, non tamquam propter corpus vivere debeamus, sed tamquam non possimus sine corpore. Hujus nos nimius amor timoribus inquietat, sollicitudinibus onerat, contumeliis [3] objicit. Honestum ei vile est [4], cui corpus nimis carum est. Agatur ejus diligentissime cura, ita tamen, ut, cum exiget ratio, cum dignitas, cum fides [5], mittendum in ignes sit [6]. Nihilominus, quantum possumus, evitemus incommoda quoque [7], non tantum pericula, *et in tutum nos reducamus* [8] *excogitantes subinde* [9], *quibus possint timenda depelli. Quorum* [10] *tria, nisi fallor, genera sunt : timetur inopia, timentur morbi, timentur quæ per vim potentioris eveniunt* [11]. Ex his omnibus *nihil magis nos concutit, quam quod ex aliena potentia impendet.* Magno enim strepitu et tumultu venit [12]. Naturalia mala quæ retuli, inopia [13] atque morbus, silentio subeunt nec oculis nec auribus quicquam terroris [14] incutiunt : ingens alterius mali [15] pompa est. Ferrum

---

1. *Indulgendum illi,* j'accorde qu'il faut avoir pour le corps quelque complaisance, quelque souci.

2. Ms. *p : serviet.*

3. Ms. *p : contulerniis.*

4. *Honestum ei vile est,* le devoir n'a plus de prix pour qui le corps en a trop.

5. *Fides,* l'honneur. Il ne s'agit pas ici de foi religieuse,

6. *Mittendum in ignes sit.* C'est la leçon du ms. P. Le ms. *p* donne, avec trace de correction, *mittendum in agone sit.*

7. Ms. P et *p : quæque.*

8. *In tutum nos reducamus,* retirons-nous à l'abri.

9. *Excogitantes subinde,* pensant après cela; ms. *p : excogitamus.*

10. *Quorum,* supp. timendorum.

11. *Quæ per vim potentioris eveniunt,* qui arrivent par le fait d'un plus fort.

12. *Magno enim strepitu et tumultu venit,* la violence des puissants se présente avec fracas et bruyant appareil, opposé à *silentio subeunt,* se glissent en silence.

13. *Inopia atque morbus.* Ms. *p : inopiæ atque morbi.*

14. M. *p : terroribus.*

15. *Alterius mali.* Le sens n'est pas douteux. Sénèque réunit la maladie et la pauvreté en une seule

circa se [1] et ignes habet et catenas et turbam ferarum, quam in viscera immittat humana. Cogita hoc loco carcerem et cruces et equuleos [2] et uncum et adactum per medium hominem, qui per os emergeret, stipitem [3] et distracta in diversum actis curribus membra, et illam tunicam alimentis ignium et illitam et textam [4], et quidquid aliud præter hæc commenta sævitia est [5]. Non est itaque mirum, si maximus hujus rei timor est, cujus et varietas magna et apparatus terribilis est. Nam quemadmodum plus agit tortor, quo plura instrumenta doloris exposuit, specie [6] enim vincuntur qui patientia restitissent : ita ex his, quæ [7] animos nostros subigunt et domant, plus proficiunt [8], quæ habent quod ostendant. Illæ pestes non minus graves sunt, famem dico et sitim [9] et præcordiorum suppura⸗nes et febrem viscera ipsa torrentem. Sed latent, nihil habent quod intentent, quod præferant : hæc [10] ut magna bella [11] adspectu paratuque [12] vicerunt. Demus itaque operam,

classe, *mala naturalia*. De cet autre mal, à savoir, celui qui vient de la tyrannie et de l'oppression des puissants.

1. Ms. *p* : *intra se*.

2. *Cruces, equuleos*, etc., énumération des supplices légaux.

3. *Adactum... stipitem*, pieu pointu qui traversait le corps entier et sortait par la bouche, ou par le cou ; c'est le supplice du pal.

4. *Illam tunicam alimentis ignium illitam et textam*, cette tunique enduite et comme tissue de matières inflammables : cire, goudron, soufre. Cf. Juvénal, I, 235 :

Pone Tigillinum, tæda lucebis in illa

Qua stantes ardent, qui fixo gutture fumant ;

Et *Sat.*, VIII, 225 :

Ausi quod liceat tunica punire molesta.

5. *Commenta sævitia est*, ce que la cruauté a inventé.

6. *Specie*, l'apparence, l'exhibition, la montre.

7. *Ita ex his quæ*. Le ms. *p* donne : *Ita quæque ex iis*.

8. *Plus proficiunt*, font plus d'effet.

9. Mss. P et *p* : *famen dico et sitim*. Haase supprime *sitim*.

10. *Hæc*, suppléez quæ per vim fiunt alienam.

11. *Magna bella*, les grandes guerres, pour les grandes armées.

12. *Paratuque*. Le ms. *p* donne *apparatuque*.

abstineamus offensis. Interdum, populus est, quem timere debeamus. Interdum, si ea civitatis disciplina est[1], ut plurima per senatum transigantur, gratiosi in eo viri[2]. Interdum singuli[3], quibus potestas populi et in populum data est. Hos omnes amicos habere operosum est : satis est inimicos non habere. Itaque sapiens numquam potentium iras provocabit. Immo declinabit[4], non aliter quam in navigando procellam. Cum peteres Siciliam, trajecisti fretum. Temerarius gubernator contempsit austri minas (ille est enim, qui Siculum pelagus exasperet et in vertices cogat[5]). Non sinistrum petit littus, sed id, quo propior[6] Charybdis maria convolvit. At ille cautior peritos locorum rogat, quis æstus sit[7], quæ signa dent nubes. Longe ab illa regione verticibus infami[8] cursum tenet. Idem facit sapiens : nocituram potentiam vitat, hoc primum cavens, ne vitare videatur. Pars enim securitatis et in hoc est non ex professo eam petere[9], quia, quæ quis fugit, damnat[10].

1. *Si ea civitatis disciplina est.* Si la forme du gouvernement est telle.

2. *Gratiosi in eo viri*, les hommes en crédit dans le sénat.

3. *Singuli*, monarques, pouvoir exercé par un seul personnage à qui l'autorité du peuple a été confiée et sur le peuple même.

4. *Immo declinabit.* Cette leçon donnée par Haase parait la bonne. Notons cependant que nos deux Mss. P et p portent : *immo nec declinabit*, leçon qui pourrait se défendre si elle n'était pas contredite par ce qui suit.

5. *Ille... qui cogat.* L'Auster, le vent du Sud *qui Siculum pelagus exasperet*, qui soulève la mer de Sicile et l'élève en montagnes. Ce

passage, mis entre parenthèses par Haase et qui fait partie du texte dans nos mss., a bien l'air d'une glose.

6. *Quo propior;* ms P. et p ont la même faute, *proprior*.

7. *Quis æstus sit*, quel est le courant, et où il porte.

8. *Verticibus infami*, région décriée par les tourbillons, par les naufrages.

9. *Non ex professo eam petere*, sans faire profession de la chercher (sa sûreté) ; *ex professo*, à dessein, de parti pris. Haase écrit *non petere*; nous supprimons *non*, que nos mss. ne donnent pas et qui nous parait inutile.

10. *Quia quæ quis fugit damnat*, parce que ce quelqu'un fuit, il le condamne.

Circumspiciendum ergo nobis est, quomodo a vulgo tuti esse possimus. Primum nihil idem concupiscamus: rixa est inter competitores. Deinde nihil habeamus, quod cum magno emolumento insidiantis eripi possit[1]. Quam minimum sit in corpore tuo spoliorum[2]. Nemo ad humanum sanguinem propter ipsum[3] venit, aut admodum pauci. Plures computant quam oderunt[4]. Nudum latro transmittit[5] : etiam in obsessa via[6] pauperi pax est. Tria deinde ex præcepto veteri præstanda sunt ut vitentur : odium, invidia, contemptus. Quomodo hoc fiat, sapientia sola[7] monstrabit. Difficile enim temperamentum[8] est, verendumque, ne in contemptum nos invidiæ timor[9] transferat, ne, dum calcare nolumus, videamur posse calcari[10]. Multis timendi attulit causas timeri posse[11]. Undique nos reducamus[12] : non minus contemni quam suspici nocet. Ad philosophiam ergo

1. *Quod cum magno emolumento insidiantis eripi possit*, qu'un ravisseur ait grand avantage à nous prendre.

2. *Quam minimum sit in corpore tuo spoliorum*, qu'il y ait le moins possible de butin à faire en nous dépouillant.

3. *Propter ipsum*, pour lui-même, personne ne verse le sang d'un homme pour le verser.

4. *Plures computant quam oderunt*, il y en a plus qui calculent (le butin) qu'il n'y en a qui haïssent — la cupidité arme plus de bras que la haine. *Computat*, id est de lucro faciendo cogitat.

5. *Nudum transmittit*, le voleur laisse passer celui qui est nu, qui n'a rien.

6. *In obsessa via*, dans un chemin assiégé de brigands.

7. *Sapientia sola*, la philosophie seule. Ms. *p : Sapientiæ soli monstrabit*, mauvaise leçon.

8. *Temperamentum*, juste mesure dans la conduite.

9. *Invidiæ timor*. Ms. *p : non invidia sed timor;* ms. P : *invidia et timor*.

10. *Dum calcare nolumus*, et pour ne vouloir écraser personne, on paraît fait pour être écrasé soi-même. Le ms. *p* donne : *ne, dum calcari nolumus*.

11. *Multis timendi attulit causas, timeri posse*. De même ce mot souvent cité : *Necesse est multos timeat quem multi timent*. Ms. *p* donne : *timere posse*.

12. *Undique nos reducamus*. Lagrange traduit : « Garantissons-nous de toutes parts, » et l'éd. Nisard : « Assurons-nous de tous cô-

confugiendum est : hæ litteræ, non dico apud bonos,
sed apud mediocriter malos infularum loco sunt [1]. Nam
forensis eloquentia et quæcumque alia populum movet,
adversarios habet : hæc quieta et sui negotii [2] contemni
non potest, cui ab omnibus artibus etiam apud pessi-
mos honor est. Numquam in tantum convalescet ne-
quitia, numquam sic contra virtutes conjurabitur, ut
non philosophiæ nomen venerabile et sacrum maneat.
Ceterum philosophia ipsa tranquille modesteque [3] trac-
tanda est. « Quid ergo? inquis, videtur tibi Marcus
Cato [4] modeste philosophari, qui bellum civile sententia
reprimit [5]? qui furentium principum armis medius
intervenit [6]? qui, aliis Pompeium offendentibus aliis
Cæsarem, simul lacessit duos [7]? » Potest aliquis disputare an illo tempore capessenda fuerit sapienti [8] respu-
blica. Quid tibi vis, Marce Cato? jam non agitur de
libertate : olim pessumdata est. Quæritur [9], utrum
Cæsar an Pompeius possideat rempublicam : quid tibi
cum ista contentione? nullæ partes tuæ sunt, dominus
eligitur : quid tua, uter vincat? potest melior vincere,

tés. » Il nous semble que le mot
suspici nocet de la phrase suivante
impose à cette phrase un autre sens
et celui-ci : de toutes parts, rédui-
sons-nous, ne nous enflons pas, il
y a autant de péril à être admiré
qu'à être méprisé.

1. *Hæ litteræ... infularum loco
sunt.* Ces études, cette profession
de philosophe, sont comme des ban-
delettes sacrées, c'est-à-dire ont un
caractère religieux...

2. *Hæc quieta et sui negotii.*
Cette profession (la philosophie)
paisible et tout entière enfermée
en elle-même.

3. *Tranquille modesteque,* tran-
quillement et avec une sage réserve.

4. *Videtur tibi Marcus Cato.*
Ms. *p* : *videtur tibi tibimet Cato.*

5. *Qui... sententia reprimit,*
dont le jugement condamne.

6. *Medius intervenit.* Cf. Lucain : « Excipiam medius totius vulnera belli. »

7. *Simul lacessit duos,* les at-
taque en même temps tous les deux.

8. Ms. *p* : *Sapientiæ* et non *Sapienti* donné par ms. P.

9. *Quæritur,* la question est de
savoir.

non potest non pejor esse [1], qui vicerit. Ultimas partes [2] attigi Catonis. Sed nec priores anni [3] fuerunt, qui sapientem in illam rapinam [4] reipublicæ admitterent : quid aliud quam vociferatus est Cato et misit irritas voces, cum modo per populi levatus manus et obrutus sputis et portandus extra forum traheretur, modo e senatu in carcerem duceretur? Sed postea videbimus, an sapienti opera perdenda sit [5] : interim ad hos te Stoicos voco, qui a republica exclusi secesserunt ad colendam vitam et humano generi jura condenda [6] sine ulla potentioris offensa. Non conturbabit sapiens publicos mores nec populum in se vitæ novitate [7] convertet. « Quid ergo? utique erit tutus [8] qui hoc propositum sequetur? » Promittere tibi hoc non magis possum quam in homine temperanti bonam valetudinem : et tamen facit temperentia bonam valetudinem. Perit aliqua navis in portu : sed quid tu accidere in medio mari credis? quanto huic periculum paratius [9] foret multa agenti molientique, cui ne otium quidem tutum est? Pereunt aliquando innocentes : quis negat?

1. *Potest melior vincere, non potest non esse pejor qui vicerit.* Des deux ambitieux, l'un (Pompée) peut paraître le meilleur au moment où il est vainqueur; il ne le peut plus après qu'il a vaincu, car après avoir vaincu, il sera le tyran de l'État. Le ms. P : *Quid tua, alter vincat.*

2. *Ultimas partes,* le dernier rôle.

3. *Priores anni,* les années qui précédèrent.

4. *Rapinam Reipublicæ,* ce vol, cet acte de voler la République.

5. *Opera perdenda sit,* doit perdre sa peine, leçon très controversée; d'autres leçons sont données : *nunc sapientiora opera perdenda sint,* c'est la leçon du ms. P; *an sapienti opera perdenda sint, perpendenda sint.* Nous donnons le texte de Fickert et de Haase.

6. *Et humano generi jura condenda,* poser les fondements du droit public : donner des lois au genre humain, belle et forte pensée fortement exprimée.

7. *Vitæ novitate,* la singularité de sa vie; voy. plus haut la Lettre 5.

8. *Utique erit tutus,* sera-t-il certainement, absolument en sûreté?

9. *Paratius,* c.-à-d. magis obvium.

nocentes tamen sæpius. Ars ei constat [1], qui per orna-
menta percussus est. Denique consilium [2] rerum omnium
sapiens, non exitum spectat. Initia in potestate nostra
sunt : de eventu fortuna judicat [3], cui de me sententiam
non do [4]. « At aliquid vexationis affert, aliquid adversi [5]. » Non damnatur latro, cum occidit [6]?

Nunc ad quotidianam stipem r. num porrigis. Aurea
te stipe implebo, et quia facta est auri mentio, accipe
quemadmodum usus fructusque ejus tibi esse gratior
possit. « *Is maxime divitiis fruitur, qui minime divitiis
indiget* [7]. » « Ede, inquis, auctorem. » Ut scias quam
benigni simus, propositum est aliena laudare : Epicuri
est aut Metrodori aut alicujus ex illa officina. Et quid
interest quis dixerit? omnibus dixit [8]. Qui eget divitiis,
timet pro illis. Nemo autem sollicito bono [9] fruitur :
adjicere illis aliquid studet. Dum de incremento cogitat,
oblitus est usus. Rationes accipit, forum conterit,
kalendarium versat, fit ex domino procurator [10]. Vale.

1. *Ars ei constat.* L'art de l'escrime demeure chez celui qui à
travers son armure a été touché.

2. *Consilium*, entreprise, résolution; *non exitum*, et non l'issue.

3. *Initia in potestate... De
eventu fortuna judicat*, l'homme
commence, propose, dit le proverbe;
la fortune dispose.

4. *Cui de me sententiam non do*,
mais je ne lui accorde pas de dis-
poser de moi.

5. *Aliquid adversi.* Le ms. p :
aliquid afferet; ms. P : *aliquid
adversa*.

6. *Non damnatur latro cum
occidit*, passage fort tourmenté par
les commentateurs. Notre texte, qui
est celui de Fickert et de Haase et
du ms. P, peut s'entendre : Ce n'est

pas au moment où il tue que le
voleur est condamné. J'aimerais
assez la variante *dominatur* : le
brigand, quand il me tue, n'est pas
pour cela maître de moi.

7. *Is maxime divitiis fruitur
qui minime divitiis indiget.* C'est
le texte même du vers de Regnard :

C'est posséder les biens que savoir
s'en passer.

8. *Omnibus dixit.* Il l'a dit pour
tout le monde. Cf. la fin de la
Lettre 12.

9. *Sollicito bono*, d'un bien qui
rend inquiet, qui ôte le repos.

10. *Kalendarium*, livre de compte,
livre où sont notés les prêts et les
jours de recouvrements; *procurator*, régisseur, intendant.

XV

DE CORPORIS EXERCITATIONIBUS.

Mos antiquis fuit[1] usque ad meam servatus ætatem, primis epistolæ verbis adjicere : « Si vales bene est, ego valeo : » recte nos dicimus : « Si philosopharis, bene est. » Valere autem hoc demum est[2]. Sine hoc æger est animus. Corpus quoque, etiamsi magnas habet vires, non aliter quam furiosi aut phrenetici validum est. Ergo hanc præcipue valetudinem[3] cura : deinde et illam secundam, quæ non magno tibi constabit[4], si volueris bene valere. Stulta est enim, mi Lucili, et minime conveniens litterato viro[5] occupatio exercendi lacertos et dilatandi cervicem[6] ac latera[7] firmandi : cum tibi feliciter sagina[8] cesserit et tori[9] creverint, nec vires umquam opimi bovis nec pondus æquabis. Adjice nunc, quod majore corporis sarcina animus eliditur et minus agilis est[10]. Itaque quantum potes, circumscribe corpus

1. *Mos antiquis fuit.* Cf. le même usage rapporté par Pline, *Épist.* I, 11 : « vel solum illud (scribe), unde incipere priores solebant : si vales, bene est, et ego valeo. »

2. *Hoc demum est,* c'est cela seulement.

3. *Hanc valetudinem,* la santé de l'âme.

4. *Quæ non magno tibi constabit,* qui ne te coûtera pas cher.

5. *Litterato viro,* homme de lettres.

6. *Dilatandi cervicem,* de grossir son encolure.

7. *Latera,* les reins.

8. *Sagina* veut dire engraissement : les athlètes étaient astreints à un certain régime, mais où il s'agissait moins d'augmenter la graisse que de fortifier les muscles.

9. *Tori,* les muscles.

10. *Animus eliditur et minus agilis est,* la masse du corps étouffe l'esprit et l'alourdit. La pensée était passée en façon de proverbe : παχεῖα γαστὴρ λέπτον οὐ τίκτει νόον. Tertullien, inspiré peut-être par ce passage, il y cite Sénèque, écrit : opimitas sapientiam impedit, exilitas expedit. De Anima, cap. xx.

tuum et animo locum laxa[1]. Multa sequuntur incommoda huic deditos curæ[2] : primum exercitationes, quarum labor spiritum exhaurit[3] et inhabilem intentioni ac studiis acrioribus[4] reddit. Deinde copia ciborum subtilitas impeditur[5]. Accedunt pessimæ notæ mancipia in magisterium recepta[6], homines inter oleum et vinum occupati, quibus ad votum dies est actus[7], si bene desudaverunt, si in locum ejus, quod effluxit[8], multum potionis altius jejuno ituræ[9] regesserunt. Bibere et sudare vita cardiaci[10] est. *Sunt exercitationes et faciles et breves, quæ corpus et sine mora lassent[11]et tempori parcant, cujus præcipua ratio habenda est* : cursus et cum aliquo pondere manus motæ[12] et saltus vel ille,

1. *Circumscribe corpus, animo locum laxa*, antithèse. Resserre ton corps, tiens-le à l'étroit, mets ton âme au large. Cf. Lettre 65 : *animus, quoties potest, apertum petit.*

2. *Huic deditos curæ :* ceux qui s'adonnent aux exercices des athlètes.

3. *Spiritum exhaurit,* épuise la vigueur, la force vitale.

4. *Intentioni ac studiis acrioribus,* impropre à l'application qu'exigent des études soutenues; ms. *p : et ineffabilem intentioni.*

5. *Subtilitas impeditur,* la nesse de l'esprit est étouffée...

6. *Pessimæ notæ mancipia,* des esclaves du dernier ordre. *In magisterium recepta,* pris pour maîtres.

7 *Ad votum actus,* passé à souhait.

8. *Ejus quod effluxit,* du liquide qui s'est écoulé, la sueur.

9. *Altius jejuno ituræ,* qui va plus à fond à qui est à jeun;

j'emprunte ici la note latine de Fickert : « Merum illud delectat quod non innatat cibo, quod libere penetrat ad nervos : illa ebrietas juvat quæ in vacuum venit. » C'est ainsi qu'à Rome plusieurs buvaient après le bain et avant de se mettre à table. L'édit. *variorum* porte ici une autre leçon : « Si in locum ejus quod effluxit, multum *pationis altius in jejuno gutture regesserunt.* » C'est la leçon de nos deux mss. — D'autres éditions donnent : *altius in jejunio ituræ.*

10. *Cardiaci. Cardiaque,* qui a l'estomac malade ; selon Celse, on traitait les cardiaques en provoquant chez eux des sueurs abondantes, et aussi *vino ciboque.*

11. *Sine mora lassent.* C'est la leçon des mss. P et *p :* qui ont bientôt fait de fatiguer le corps. On trouve dans plusieurs éditions : *laxent,* donnent de la vigueur et de la souplesse.

12. *Cum aliquo pondere manus motæ.* Les anciens, comme on voit,

qui corpus in altum levat, vel ille, qui in longum
mittit, vel ille, ut ita dicam, saliaris[1] aut, ut contumeliosius[2] dicam, fullonius[3] : quod libet ex his elige. Usu
redde facile[4]. Quicquid facies, cito redi a corpore ad
animum : illum noctibus ac diebus exerce. Labore
modico alitur ille. Hanc exercitationem non frigus,
non æstus impediet, ne senectus quidem. Id bonum
cura, quod vetustate fit melius[5]. Neque ego te jubeo
semper imminere libro aut pugillaribus[6] : dandum et
aliquod intervallum animo, ita tamen ut non resolvatur[7], sed remittatur. Gestatio[8] et corpus concutit, et
studio non officit : possis legere, possis dictare, possis
loqui, possis audire, quorum nihil ne ambulatio quidem
vetat fieri. Nec tu intentionem vocis[9] contempseris,
quam veto te per gradus et certos modos[10] extollere,
deinde deprimere. Quid si velis[11] deinde quemadmodum

connaissaient l'exercice et le ma-
niement des haltères.

1. *Saliaris*, à la manière des
prêtres saliens. Ces prêtres faisaient
tous les ans au commencement du
mois de mars des processions so-
lennelles en exécutant des chants
et des danses guerrières, en agitant
les boucliers sacrés. Le ms. *p*
donne : *salutaris et fullonicus.*

2. *Contumeliosius*, moins no-
blement.

3. *Fullonius (saltus)*; en apprê-
tant les étoffes les foulons sau-
taient.

4. *Usu redde facile*, rends cet
exercice facile par la pratique. Fickert écrit : *usu rude, facile*, c.-à-d.
simple et facile par la pratique.
D'autres édit. écrivent : *usu fit
facile*. Le ms. P donne : *usu rude
facile*, le ms. *p* : *elige usum ru-
dem facilem.*

5. *Vetustate fit melius*, qui s'a-
méliore avec le temps.

6. *Imminere libro aut pugillaribus*, être penché sur un livre
(lire) ou sur des tablettes (écrire).

7. *Aliquod intervallum*, quelque répit; *non resolvatur*, qu'elle
ne s'alanguisse pas.

8. *Gestatio*, le mouvement de
la litière.

9. *Intentionem vocis*, le fait de
fortifier, de développer la voix.

10. *Per gradus et certos modos*,
par degrés et tons ou modulations
réglées.

11. *Quid si velis... produxeris.*
Haase a déplacé ces quelques
lignes, nous ne voyons pas trop
pour quelles raisons. Nous les laissons ici avec Fickert et la plupart des éditeurs. Elles paraissent
mieux à leur place après le conseil
que donne Sénèque de ne pas

ambules discere? admitto istos[1], quos nova artificia
docuit fames[2] : erit qui gradus tuos temperet et buccas
edentis observet et in tantum procedat, in quantum
audaciam ejus patientia *et* credulitate produxeris[3].
Quid ergo[4]? a clamore protinus et a summa contentione[5] vox tua incipiet? usque eo naturale est paulatim
incitari[6], ut litigantes quoque a sermone[7] incipiant, ad
vociferationem transeant : nemo statim Quiritium fidem
implorat. Ergo utcumque impetus tibi animi[8] suaserit,
modo vehementius fac vicinis convicium, modo lentius,
prout vox quoque te hortabitur et latus[9]. Modesta,
cum recipies illam revocarisque, descendat[10], non deci-

se mettre entre les bras des maîtres à chanter pour le bon usage de la voix. Quelle folie, semble-t-il dire, d'apprendre à parler! L'idée te pourrait venir aussi d'apprendre à marcher, et il n'est pas douteux que tu ne trouvasses aussi pour cela de ces maîtres auxquels la faim a appris des arts nouveaux. Nos deux mss. P et *p* mettent aussi ce passage après *deprimere*.

1. *Admitte istos*, tu n'as qu'à t'adresser à ces hommes. Cf. Juvénal, *Sat.* III, 75 et sq.

...Ede quid illum
Esse putes? quemvis hominem secum attulit ad nos,
Grammaticus, rhetor, geòmetres,
  pictor, aliptes,
Augur, schœnobates, medicus ma-
  gus : omnia novit;
Græculus esuriens in cœlum, jusse-
  ris, ibit.

2. *Quos fames docuit.* Cf. *Perse*, préf., V, 10 :

Magister artis ingenique largitor,
Venter.

3. *Audaciam ejus patientia et credulitate produxeris.* Fickert écrit : *patientiæ credulitate.* Cette dernière leçon est aussi celle de Gronovius, et de nos deux mss. P et *p.* Il n'y a pas de difficulté pour le sens : ils iront aussi loin que par ta patience et ta crédulité tu auras poussé leur effronterie; ou : que par la bonhomie de ta patience, etc.; ou bien encore : par la confiance qu'ils auront en ta patience.

4. *Quid ergo.* Il est vrai que cette incise qui précède a un peu fait perdre de vue les conseils sur l'art de fortifier la voix.

5. *A clamore et a summa contentione*, les plus grands éclats, fruit d'une forte contention.

6. *Paulatim incitari*, de s'échauffer peu à peu, insensiblement.

7. *Sermone*, ton du discours ou parler naturel.

8. *Impetus animi*, l'élan, le mouvement de ton âme.

9. *Vox et latus*, la voix et les poumons.

10. *Modesta descendat*, qu'elle descende doucement, quand vous

dat. Moderatoris sui temperamentum habeat[1] nec indocto et rustico more desæviat. Non enim id agimus, ut exerceatur vox, sed ut exerceat.

Detraxi tibi non pusillum negotii[2] : una mercedula et munus græcum[3] ad hæc beneficia accedet. Ecce insigne præceptum : « *Stulta vita ingrata est et trepida*[4]. *Tota in futurum fertur.* » « Quis, inquis, dicit[5]? » idem qui supra. Quam tu nunc vitam dici existimas stultam? Babæ et Isionis[6]? non ita est : nostra dicitur, quos cæca cupiditas in nocitura, certe numquam satiatura præcipitat, quibus si quid satis esse posset, fuisset, qui non cogitamus, quam jucundum sit nihil poscere, quam magnificum sit plenum esse[7] nec ex fortuna pendere. Subinde itaque, Lucili, quam multa sis consecutus recordare. Cum adspexeris, quot te antecedant, cogita, quot sequantur[8]. Si vis gratus esse adversus

allez la reprendre, quand vous la ramenez à vous.

1. *Temperamentum habeat*, qu'elle garde la juste mesure, *sui moderatoris*, de l'âme qui la règle ou la doit gouverner. Opposé à *desæviat indocto et rustico more*, qu'elle s'emporte et tonne au hasard comme dans la bouche d'un grossier et d'un rustre. Mss. P et *p* : *mediatoris sui*.

2. *Non pusillum negotii*. Éd. Fickert : *non pusillum negotium*. On peut s'étonner que Lucilius fût aussi embarrassé par de si petites choses.

3. *Munus græcum*, un cadeau grec, c'est-à-dire venu d'un Grec. C'est la leçon adoptée par Haase que nous suivons. Fickert écrit : *munus gratum*, qui parait un peu plat. Le ms. P donne : *unus græ-cum*, qui n'a pas de sens, mais où l'on peut supposer que le copiste a oublié l'm dans *unus* ; le ms. *p* donne : *unum græcum*. On cite d'autres variantes : *univs græci*, toujours le mot *græcus* ou *græcum* ; par conséquent, il y a lieu de conserver ce mot.

4. *Ingrata est*, est stérile ; *trepida*, inquiète.

5. *Quis, inquis, dicit*. Ms. *p* : *Quis hoc, inquis, dicit*.

6. *Babæ et Isionis*. Sans doute contemporains de Sénèque et d'une sottise notoire. Le ms. P donne : *Baliæ et Isionis*, le ms. *p* : *Babæ et Ionis*.

7. *Quam magnificum sit plenum esse*, quelle grandeur il y a à ne pas se sentir vide!

8. *Quot sequantur*, combien sont derrière toi. Ms. P, *cum aspexeris*

deos et adversus vitam tuam, cogita, quam multos
antecesseris. Quid tibi cum ceteris? te ipso antecessisti.
Finem constituo, quem transire ne possis quidem, si
velis : discedant[1] aliquando ista insidiosa bona et
sperantibus meliora quam assecutis. Si quid in illis
esset solidi, aliquando et implerent : nunc haurientium
sitim concitant. Mutantur speciosi apparatus[2], et quod
futuri temporis incerta sors volvit, quare potius a
fortuna impetrem, ut det, quam a me, ne petam? quare
autem petam? oblitus fragilitatis humanæ? Congeram?
in quid laborem[3]? ecce hic dies ultimus est. Ut non
sit[4] : prope ab ultimo est. Vale.

XVI

QUOD PHILOSOPHIA VITA ET DISPONI ET REGI DEBEAT, NEC OBSTARE SI DEUS VEL FORTUNA VEL CASUS IMPERET.

Liquere hoc tibi, Lucili, scio, *neminem posse beate
vivere, ne tolerabiliter quidem, sine sapientiæ studio*[5]
et beatam vitam perfecta sapientia effici, ceterum tole-

quæ antecedant, cogita quæ sequantur.

1. *Discedant.* Leçon de Haase et de Fickert; dans d'autres éditions, *discedent.*

2. *Mutantur speciosi apparatus,* les brillants dehors sont choses qui changent. Les ms. P et p portent : *imitantur speciosi apparatus.* Avec Fickert et Haase nous mettons une virgule après *appa-* ratus et arrêtons la phrase après petam.

3. *Congeram? in quid laborem?* amasser? pour quel but m'évertuer? D'autres éditions portent : *Congeram? in quid? laborem?*

4 *Ut non sit,* quand ce jour ne serait pas le dernier...

5. *Sapientiæ studio,* philosophie

rabilem etiam inchoata[1]. Sed hoc, quod liquet, firmandum et altius quotidiana meditatione figendum est : plus operis est in eo, ut proposita custodias quam ut honesta proponas[2]. Perseverandum est et assiduo studio robur addendum, donec bona mens sit, quod bona voluntas[3] est. Itaque tibi apud me pluribus verbis haud affirmandum[4] nec tam longis : intelligo te multum profecisse. Quæ scribis, unde veniant, scio : non sunt ficta nec colorata. Dicam tamen sententiam[5] : jam de te spem habeo, nondum fiduciam. Tu quoque idem facias volo : non est, quod tibi cito et facile credas. Excute te et vario scrutare et observa : *illud ante omnia vide, utrum in philosophia an in ipsa vita profeceris.* Non est philosophia populare artificium[6] nec ostentationi paratum. Non in verbis, sed in rebus est. Nec in hoc adhibetur, ut cum aliqua oblectatione consumatur dies, ut dematur otio nausea[7] : animum format et fabricat[8], vitam disponit, actiones regit, agenda et omittenda demonstrat, sedet ad gubernaculum et per

---

1. *Inchoata* (sapientia), par une sagesse ébauchée.

2. *Custodias, proponas.* On a plus de peine à garder, à réaliser de bons principes qu'à les former, à les concevoir, à les composer.

3. *Bona mens,* bonne conscience, vertu ; *bona voluntas,* disposition ou inclination au bien.

4. *Tibi apud me pluribus verbis haud affirmandum.* Le sens n'est pas douteux, mais les leçons varient. Nous suivons celle de Fickert. Haase écrit : *Itaque non opus est tibi apud me pluribus verbis, ut affirmantis, nec tam longis;* et Gronovius : *Itaque tibi*

apud me pluribus verbis opus non est, aut affirmatis neo tam longis. Cette dernière leçon est celle du ms. P.

5. *Dicam tamen sententiam.* C'est le texte de Fickert et de Haase. Gronovius écrit : *Dicam tamen quid sentiam.*

6. *Populare artificium,* un métier fait pour plaire au peuple et travaillant pour la montre. Fickert écrit *ostentatione.* C'est la leçon du ms. P.

7. *Ut dematur otio nausea,* pour égayer le loisir. Ms. *p* donne *nausia.*

8. *Animum format et fabricat,* elle forme l'âme et la façonne.

ancipitia fluctuantium dirigit cursum. Sine hac nemo
intrepide [1] potest vivere, nemo securo : innumerabilia
accidunt singulis horis, quæ consilium exigant, quod
ab hac petendum est. Dicet aliquis : « Quid mihi prodest philosophia, si fatum est? quid prodest, si deus
rector est [2]? quid prodest, si casus imperat [3]? nam et
mutari certa non possunt, et nihil præparari potest [4]
adversus incerta, sed aut consilium meum occupavit [5]
deus decrevitque quid facerem, aut consilio meo nihil
fortuna permittit [6]. » Quidquid est ex his [7], Lucili, vel si
omnia hæc sunt, philosophandum est : sive nos inexo-
rabili lege fata constringunt, sive arbiter deus universi
cuncta disponit, sive casus res humanas sine ordine
impellit et jactat [8], philosophia nos tueri debet. Hæc
adhortabitur, ut deo libenter pareamus, fortunæ contumaciter [9] : hæc docebit, ut deum sequaris, feras
casum. Sed non est nunc in hanc disputationem trans-

1. *Intrepide*, dans le calme, à l'abri de la crainte. Ms. P : *sine hac nemo securus est.*

2. *Rector est.* Si Dieu gouverne et conduit toutes choses.

3. *Casus imperat,* si le hasard commande.

4. *Nihil præparari potest.* On ne peut se prémunir contre l'incertain.

5. *Consilium meum occupavit,* a prévenu, devancé mon dessein.

6. *Consilio meo nihil fortuna permittit.* La fortune ne laisse nulle place à mon initiative. Haase donne la leçon *permittitur* qui ne change pas le sens de la phrase. Le ms. P donne *permittit.*

7. *Ex his*, de ces trois thèses, de ces trois suppositions.

8. *Impellit et jactat sine ordine,* pousse et remue à l'aventure.

9. *Contumaciter.* L'édit. de Gronovius ajoute *resistamus* que ne donnent ni Haase ni Fickert; il semble en effet que *resistamus* ou un mot analogue manque ici. Que veut dire en effet obéir avec fierté à la fortune? C'est le combat contre elle, la lutte énergique et tenace jusqu'à la mort, qui nous fait vainqueurs et nous affranchit de son joug, que Sénèque enseigne constamment. C'est parce que Caton n'a pas cédé à la fortune que Sénèque le célèbre dans un passage du *De Providentia,* II, le montrant seul debout en face de la force qui a tout abattu. Cependant on sait le mot : *nolentem trahunt,* il ne faut pas se laisser traîner en esclave, mais en homme libre, avec fierté. C'est le sens de *parere contumaciter.* Le ms. P : *ut fortunæ contumaciter.*

eundum [1], quid sit juris nostri, si providentia in imperio est, aut si fatorum series [illigatos] trahit, aut si repentina ac subita [2] dominantur : illo nunc revertor, ut te moneam et exhorter, ne patiaris impetum [3] animi tui delabi et refrigescere. Contine illum et constitue [4], ut habitus animi [5] fiat, quod est impetus.

Jam ab initio, si te bene novi, circumspicies, quid hæc epistola munusculi attulerit : excute illam et invenies. Non est, quod mireris animum meum [6] : adhuc de alieno [7] liberalis sum. Quare autem alienum dixi? quicquid bene dictum est ab ullo, meum est. Sicut quod ab Epicuro dictum est : « *Si ad naturam* [8] *vives, numquam eris pauper : si ad opiniones, numquam eris dives.* » Exiguum natura desiderat, opinio immensum. Congeratur in te quicquid multi locupletes possederant. Ultra privatum pecuniæ modum fortuna te provehat, auro tegat, purpura vestiat, eo deliciarum opumque perducat, ut terram marmoribus abscondas. Non tantum habere tibi liceat, sed calcare divitias. Accedant statuæ et picturæ et quicquid ars ulla luxuriæ elaboravit [9] : majora cupere ab his disces. Naturalia desideria finita sunt [10] : ex falsa opinione nascentia ubi

1. *Non est nunc in hanc disputationem transeundum.* Ce n'est pas le moment maintenant d'aborder cette discussion, à savoir ce qui reste au libre arbitre dans les trois hypothèses énoncées plus haut et posées ici de nouveau.

2. *Repentina ac subita,* surprises et accidents imprévus.

3. *Impetum,* élan, disposition et inclination, mouvement naturel.

4. *Contine,* maintiens, opposé à *delabi.* — *constitue,* établis et fixe-le.

5. *Habitus animi,* un état fixe de l'âme au lieu d'une ardeur passagère.

6. *Non est quod mireris animum meum,* tu n'as que faire d'admirer mon esprit.

7. *De alieno,* du bien des autres.

8. *Ad naturam,* c.-à-d. convenienter naturæ, en te réglant sur la nature

9. *Ars ulla luxuriæ elaboravit,* et tout ce qu'aucun art a jamais fait pour le luxe.

10. *Finita sunt,* ont des limites déterminées.

desinant, non habent. Nullus enim terminus falso est.
Via eunti¹ aliquid extremum est : error immensus est.
Retrahe ergo te a vanis², et cum voles scire, quod
petes³, utrum naturalem habeat⁴ an cæcam cupiditatem, considera, num possit alicubi consistere : si
longe progresso semper aliquid longius restat, scito
id naturale non esse. Vale.

1. *Via eunti*, celui qui marche droit sur une route... *error*, marche en tous les sens. Haase écrit *viam*. On dit aussi bien *ire viam* ou *ire via*. Le ms. P : *via eunti*.

2. *Vanis*, fondée sur l'opinion, non sur la nature.

3. *Quod petes*, ce que tu souhaiteras, tu voudras avoir.

4. *Utrum habeat*. Expression qui nous paraît vouloir dire : *si quod petes* répond à un désir *naturel* ou bien *sans fondement, aveugle, sans raison.*

TABLE DES MATIÈRES

www.ingramcontent.com/pod-product-compliance
Lightning Source LLC
Chambersburg PA
CBHW051731090426
42738CB00010B/2209